PROFIL BAC

Collection créée par Georges Décote

GW00537980

Madame Bovary
(1857)

GUSTAVE FLAUBERT

Jean-Daniel MALLET

agrégé de l'Université

docteur ès lettres

Hatier

© HATIER, Paris, 2014   ISSN 0750-2516   ISBN 978-2-216-96920-1

Sommaire

ÉCRIRE

PUBLIER

LIRE

Édition de référence : *Madame Bovary*, Gustave Flaubert,
Paris, © Éditions Gallimard, coll. « Folio ».

FICHE PROFIL

Madame Bovary (1857)

Gustave Flaubert (1821-1880)

Roman réaliste, satirique et ironique   XIXe siècle

RÉSUMÉ

Première partie. Fille d'un fermier normand, Emma Rouault a épousé Charles Bovary, un médiocre « officier de santé ». Loin de l'idée qu'adolescente elle se faisait de l'amour, son mariage la déçoit. Charles décide de s'installer dans le gros bourg d'Yonville, où, espère-t-il, sa femme aura une vie plus agréable. « Madame Bovary » est alors enceinte.

Deuxième partie. Emma ne guérit pour autant de son ennui. Yonville est sans attraits : sous ses airs progressistes, le pharmacien Homais est stupide, et l'abbé Bournisien peu perspicace. Seul un certain Léon Dupuis, clerc de notaire, offre de l'intérêt. Une complicité s'installe entre eux. Amoureux d'Emma, Léon est toutefois trop timide pour lui avouer sa passion et part à Paris. Aristocrate cynique, Rodolphe Boulanger séduit puis abandonne Emma.

Troisième partie. Après une longue maladie consécutive à sa rupture, celle-ci retrouve Léon, devient sa maîtresse, se lance dans une frénésie d'achats, emprunte. Sommée par Lheureux, son créancier, de rembourser ses dettes, ne pouvant plus faire face à sa situation, Emma s'empoisonne à l'arsenic. Charles meurt quelques temps après, désespéré, ruiné, ayant trouvé dans les papiers de sa femme les preuves de sa longue infortune conjugale.

PERSONNAGES PRINCIPAUX

– **Charles Bovary** : « officier de santé », époux benêt et naïf.
– **Emma Bovary** : nerveusement fragile, victime de ses lectures et rêves adolescents de grand amour, maîtresse de Rodolphe puis de Léon.

- **Rodolphe Boulanger** : propriétaire terrien, d'un cynisme absolu.
- **Léon Dupuis** : clerc de notaire, subjugué par Emma.
- **Homais** : pharmacien, anticlérical, aussi bavard que stupide.
- **Bournisien** : esprit limité et curé d'Yonville.
- **Lheureux** : marchand de « nouveautés » et redoutable usurier.

CLÉS POUR LA LECTURE

1. Un roman réaliste, mais d'un réalisme « subjectif »

« Mœurs de province » en est le sous-titre : ce sont minutieuse-ment décrites les mœurs de la campagne normande. Le réalisme en est toutefois particulier, toujours dépendant de la subjectivité des personnages.

2. Un roman ironique

Omniprésente, l'ironie est l'instrument privilégié de la satire sociale : elle dévalorise tout, personnages, coutumes et systèmes de valeurs.

3. Un roman d'amour et d'adultère

Flaubert instruit le procès du romantisme et de la condition féminine.

4. Un roman jugé scandaleux à sa publication

Traîné devant les tribunaux pour « immoralité », Flaubert oppose à la morale sociale la morale et l'autonomie de l'art. Il sera acquitté.

5. Le premier des romans modernes

Pour Flaubert, un roman ne vaut pas par ce qu'il raconte, mais exclusivement par son style. Cette primauté absolue du style annonce les grands romans modernes.

Repères biographiques

Fils d'un chirurgien de l'hôpital de l'Hôtel-Dieu, à Rouen, Gustave Flaubert naît en 1821. Il passe son enfance, plutôt solitaire, parmi les livres.

DEUX PASSIONS PRÉCOCES

Lycéen, Flaubert écrit déjà beaucoup. La littérature est son refuge et lui semble son avenir, sans qu'il sache encore vraiment quel écrivain il veut devenir. En lui coexistent en effet deux tendances, contradictoires : un romantique, épris de lyrisme et, comme il le dit lui-même, de « gueulades » ; et un réaliste, attaché au vrai, à la sécheresse de la vérité.

Si, à quinze ans, la littérature est sa passion, son autre grande passion est sentimentale : à Trouville durant l'été 1836, Flaubert s'éprend d'Élisa Schlésinger, l'épouse, plus âgée que lui, d'un éditeur de musique. Le souvenir de cet amour platonique le poursuivra longtemps, qui s'incarnera plus tard dans le personnage de madame Arnoux, l'inaccessible amour de Frédéric dans *L'Éducation sentimentale*.

Après son baccalauréat, Flaubert s'installe à Paris pour y poursuivre des études de droit, auxquelles il préfère vite la fréquentation des milieux artistiques.

L'ERMITE DE CROISSET

Victime d'une dépression nerveuse en 1844, Flaubert interrompt ses études. Il s'établit alors dans la propriété familiale de Croisset, près de Rouen, au bord de la Seine. Il mène là-bas une vie solitaire, entrecoupée de séjours à Paris, où il rencontre Louise Colet, une femme de lettres, qui sera sa maîtresse de 1846 à 1854. De 1849 à 1851, Flaubert entreprend un long voyage en Orient (Égypte, Palestine, Grèce).

À son retour à Croisset, il s'attaque à la rédaction, longue, douloureuse, de *Madame Bovary*. Le roman paraît d'abord en feuilleton dans *La Revue de Paris* en 1856 et lui vaut aussitôt un procès pour « immoralité ». Flaubert en sort acquitté, démoralisé et célèbre. Quand, l'année suivante, le livre paraît en librairie, le succès est immense.

TRAVAIL, RÉUSSITE, ÉCHEC ET AMERTUME

Sa vie continue de se confondre avec les labeurs de l'écriture. Comme pour satisfaire ses penchants romantiques, Flaubert écrit *Salammbô* (1862), roman historique évoquant la révolte des mercenaires contre les Carthaginois d'Hamilcar, alors en lutte contre Rome (en 238 avant notre ère). C'est de nouveau un succès, qui fait de Flaubert une figure de premier plan dans les milieux littéraires.

Sept ans plus tard, *L'Éducation sentimentale* (1869), roman de la faillite des illusions nées de la Révolution de 1848, est en revanche un échec. *La Tentation de saint Antoine* (1874) ne rencontre pas davantage l'assentiment du public. Ses dernières années sont pleines d'amertume et de tristesse. La disparition de sa mère et d'amis proches l'atteint profondément, la guerre de 1870 l'afflige. Ses crises nerveuses le reprennent. Ses difficultés financières s'accroissent. En 1877, Flaubert publie *Trois contes*, dernière œuvre parue de son vivant.

Une hémorragie cérébrale l'emporte subitement le 8 mai 1880. Salué comme un maître par les écrivains de la nouvelle généra-tion (Maupassant, Zola), Flaubert laisse derrière lui deux œuvres inachevées : *Bouvard et Pécuchet* suivi d'un *Dictionnaire des idées reçues* (publication posthume en 1881).

Résumé et repères pour la lecture

PREMIÈRE PARTIE

RÉSUMÉ

Chapitre I : Couvé par sa mère, Charles Bovary est un « gars de la campagne » (p. 47) balourd, un collégien à peine passable puis un étudiant médiocre. Besogneux, il finit par devenir « officier de santé » (p. 56), ce qui lui permet d'exercer la médecine, sans avoir le titre de docteur, hors de ses capacités. Sa mère organise son installation à Tostes, près de Rouen, puis arrange son mariage avec une veuve âgée, laide mais riche.

Chapitre II : Charles soigne le « père Rouault », propriétaire de la ferme des Bertaux, qui s'est cassé la jambe. Il y rencontre sa fille, Emma. Tous deux ne sont pas insensibles l'un à l'autre. Sous prétexte de veiller sur son patient, Charles multiplie les visites. Sa femme, jalouse, lui interdit de les poursuivre. À demi ruinée par son notaire indélicat, elle meurt brusquement. Voici Charles veuf.

Chapitre III : Lui-même veuf, le « père Rouault » invite de plus en plus souvent Charles, qui s'éprend d'Emma, laquelle de son côté ne le repousse pas. Le mariage est décidé.

Chapitre IV : La noce se déroule au printemps suivant à la ferme des Bertaux. C'est sa longue description : l'arrivée des invités, le repas, la nuit de noces, le retour du jeune couple à Tostes.

REPÈRES POUR LA LECTURE

Un incipit tragiquement ridicule

Malgré son titre, le roman s'ouvre sur l'entrée en scène non de l'héroïne mais d'un jeune collégien que tout ridiculise : ses habits qui le déguisent, sa casquette dont il ne sait que faire, son nom que sa timidité empêche de prononcer correctement. Objet de la risée de la classe, puni dès la première heure, « Charbovari » est le futur époux de « madame Bovary ». Le lecteur qui ignore encore tout d'elle la plaint déjà. Le drame se noue ainsi dès avant la constitution du couple dans un charivari grotesque.

Un réalisme prosaïque

La description de la campagne normande, des mœurs paysannes (chap. II), des habits signalant l'appartenance sociale par leur plus ou moins grande qualité, du plantureux repas de noces (chap. IV), l'évocation récurrente des questions d'argent, entourant notamment les mariages (chap. I et III) relèvent par leur précision et exactitude d'un réalisme volontairement très ordinaire.

CHAPITRES V À VII (pages 80 à 98)

RÉSUMÉ

Chapitre V : À Tostes, la maison de briques, au bord de la route, est sans charme. L'intérieur en est vieillot. Emma s'occupe les premiers temps à le réaménager. La vie conjugale s'écoule monotone, rythmée par les consultations, à domicile ou dans son cabinet, de Charles. Lui est heureux comme il ne l'a jamais été : il a une jolie femme, son confort, ses aises. Elle, s'interroge entre attente et déception : est-ce là le bonheur que lui promettaient ses lectures d'adolescente ?

Chapitre VI : Au couvent où elle fut élevée, Emma s'est en effet délectée de romans sentimentaux et historiques : tout n'y était qu'amours, serments, sanglots, aventures galantes et échevelées. Elle en vibrait, allait d'emportements mystiques en rêveries romantiques. Ses lectures et son « esprit positif » finissent toutefois par lui faire trouver la discipline du couvent insupportable. Son père l'en retire.

Chapitre VII : L'ennui gagne Emma, bien qu'elle songeât « quelquefois que c'étaient pourtant les plus beaux jours de sa vie, la lune de miel, comme on disait » (p. 91). Charles s'extasie de la voir dessiner, jouer du piano, gérer les finances du ménage. Plus il l'admire, plus il la déçoit : sa conversation est « plate comme un trottoir de rue » (p. 92), son laisser-aller de plus en plus accentué et son ignorance évidente. Emma finit par se demander pourquoi elle s'est mariée, quand le couple est invité à un bal donné par le marquis d'Andervilliers en son château de la Vaubyessard.

REPÈRES POUR LA LECTURE

Un jeu de contrastes

Une série d'oppositions structure ces chapitres :
– entre le bonheur béat de Charles et les désillusions de plus en plus fortes d'Emma, soulignant ainsi combien le couple est mal assorti ;
– entre le prosaïsme de la vie quotidienne (chap. V et VII) et les exaltations romanesques d'Emma jeune fille.

Une satire de l'éducation féminine

Le chapitre VI opère un retour en arrière pour évoquer l'éducation, religieuse et littéraire, qu'a très traditionnellement reçue Emma. Flaubert la retrace avec une ironie mordante. Les expressions utilisées démythifient les romans d'amour dont Emma s'abreuve : « nacelles au clair de lune, rossignols dans les bosquets, *messieurs* braves comme des lions, doux comme des agneaux » (p. 87). Cette ironie atteint plusieurs cibles en même temps : le romantisme, dont Flaubert se moque ; l'éducation traditionnelle féminine, dont il montre les dangers ; et Emma elle-même dont il souligne les besoins d'exaltation ainsi que les capacités de révolte.

RÉSUMÉ

Chapitre VIII : À la Vaubyessard, Emma va d'émerveillement en émerveillement : le château est une demeure historique, le dîner est un dîner de gala, les convives sont de qualité, le bal est étourdissant. Charles, lui, s'ennuie : il ne sait ni danser ni jouer au whist (l'ancêtre du bridge), ses chaussures lui font mal et il ne songe qu'à regagner la chambre qui leur a été réservée. Le lendemain, le retour à Tostes est silencieux. Le quotidien devient pour Emma encore plus morose que d'ordinaire.

Chapitre IX : Emma se réfugie dans le souvenir de ce bal, qui stimule son imagination. Elle rêve de Paris, dont elle a entendu parler durant le dîner, elle en achète même un plan pour mieux s'y promener en pensée. Elle se met à lire les auteurs à la mode : Balzac, Eugène Sue, George Sand. Elle s'abonne à des revues mondaines. Sa vie réelle n'en est que plus décevante : sans ambition, Charles devient de plus en plus rustre. Emma sombre dans une « maladie nerveuse », qui la fait passer par des phases d'exaltation et de dépression. Pour lui faire changer d'air et de vie, Charles décide d'aller s'installer à Yonville-l'Abbaye. Quand le couple quitte Tostes, Emma est enceinte.

REPÈRES POUR LA LECTURE

La technique du point de vue

La description du château de la Vaubyessard, les invités, le dîner, le bal : tout est appréhendé du point de vue d'Emma. C'est par son regard que le lecteur découvre cette soirée de fête. Et c'est par son regard qu'il comprend ce qui la fascine : le luxe, l'aristocratie, l'élégance, les voyages, un certain idéal de vie facile – tout ce que Charles est bien loin d'imaginer et de lui offrir. C'est la preuve que ce dont elle a rêvé existe bel et bien ! Grâce à cette technique du point de vue, la description de la soirée est aussi un portrait implicite d'Emma.

Des effets de contraste de plus en plus marqués

Tout le chapitre VIII doit en outre s'apprécier pour lui-même, mais aussi par rapport à sa place dans la première partie. Pour être récurrents, les effets de contraste n'en sont pas moins violents :

– entre le château et son parc d'un côté et la maison et le jardin de Tostes de l'autre (au chapitre V) ;

– entre la vie raffinée des châtelains et les manières frustes de Charles.

La conséquence en est que pour Emma le quotidien devient de plus en plus insupportable : « Quel pauvre homme ! quel pauvre homme ! » pense-t-elle de son mari (p. 116), qu'elle juge incapable de toute distinction, de toute ambition.

Premiers symptômes dépressifs et derniers regrets

L'état de santé d'Emma s'en trouve altéré. La dégradation est double. Elle est psychologique et physique : Emma passe par des phases de suractivité et de torpeur, s'emporte contre tout et tous, devient de plus en plus pâle, manque de plus en plus souvent de s'évanouir. C'est au moment où « madame Bovary » ne supporte littéralement plus son statut et son état qu'elle tombe enceinte. L'intérêt dramatique s'en trouve relancé : cet enfant à venir et le déménagement à Yonville la sauveront-ils ou, au contraire, l'accableront-ils davantage ?

DEUXIÈME PARTIE

CHAPITRES I À IV (pages 124 à 160)

RÉSUMÉ

Chapitre I : Yonville est un gros bourg sans caractère, aux confins d'une « contrée bâtarde » (p. 125) entre Normandie, Picardie et Île-de-France. Ses notables attendent à l'auberge du *Lion d'Or* l'arrivée par la diligence des Bovary. La patronne, madame Lefrançois, prépare le dîner. Homais, le pharmacien, étale ses connaissances médicales, sa suffisance et son anticléricalisme. Ancien militaire, percepteur et capitaine des pompiers, Binet est un solitaire bougon et maniaque. Le curé, l'abbé Bournisien, est un solide gaillard.

Chapitre II : De la diligence qui arrive enfin, descendent Emma et un « marchand d'étoffes », M. Lheureux. Il faut réveiller Charles, qui s'est endormi durant le voyage. Une double conversation s'engage durant le dîner : entre Charles et le pharmacien, intarissable sur l'état de santé de ses concitoyens, et entre Emma et Léon Dupuis, un clerc de notaire, qui se découvrent des goûts communs.

Chapitre III : Les Bovary s'installent dans leur nouvelle maison. Les jours s'étirent. Charles s'attriste de son peu de clientèle. Emma accouche. Elle espérait un garçon : c'est une fille, qu'elle prénomme Berthe et confie aussitôt à une nourrice, une grosse paysanne qui vit à l'autre bout du bourg. Encore faible, Emma ne refuse pas le bras de Léon quand elle va voir sa fille ou désire se promener. La femme du maire, madame Tuvache, trouve que c'est compromettant.

Chapitre IV : De sa fenêtre, Emma observe les gens passer dans la rue et de plus en plus les allées et venues de Léon. C'est le seul intérêt de ses journées. Le dimanche, Homais reçoit chez lui : Charles joue aux dés ou aux cartes ; Emma et Léon feuillettent ensemble *L'Illustration*, une revue chic. Timide, Léon n'ose avouer son amour. Emma ne se pose pas (encore) de questions. L'amour ? Elle ne l'imagine qu'en coup de foudre. Ce n'est pas ici le cas.

REPÈRES POUR LA LECTURE

Une satire acerbe de la vie provinciale

Avec sa grande rue, bordée de quelques boutiques, Yonville, que Flaubert décrit avec minutie, n'offre aucun intérêt, géographique ou économique. Ses habitants sont aussi ridicules que satisfaits d'eux-mêmes. La vie sociale y est sans consistance. Les conversations s'emplissent de clichés, d'idées reçues et toutes faites. Par-dessus tout règnent l'ennui et la monotonie. Flaubert est sans pitié pour les « mœurs de province » – sous-titre du roman – pour cette Normandie qu'il connaît si bien pour y être né et y vivre. Il n'en valorise rien.

Naissance d'une idylle romantique

Léon fait à sa manière figure d'exception. Comme Emma, c'est un romantique. Dès qu'il la voit pour la première fois près de la cheminée de l'auberge, il l'observe et déjà la désire confusément (chap. II). Mais ses excès de timidité qui le paralysent le rendent, lui aussi, ridicule. Sa compagnie, attentionnée et courtoise, change toutefois agréablement Emma des rusticités de son mari, qu'elle ne songe pas encore à tromper. Aussi leurs échanges et promenades restent-ils empreints d'un romantisme plat et démodé.

Une indifférence maternelle

La maternité ne bouleverse pas Emma. Pour elle, c'est d'abord une curiosité, puis une déception quand elle apprend que son enfant est une fille, enfin un souci. Mise en nourrice, comme c'était la coutume à l'époque pour permettre à la mère de se « relever de ses couches » comme on disait, Berthe est presque d'emblée une enfant rejetée, à laquelle Emma ne pensera guère par la suite.

RÉSUMÉ

Chapitre V : Lors d'une promenade dominicale, Emma observe son mari et Léon qui les accompagne : autant Charles lui paraît « irritant » (p. 161), même de dos, autant Léon lui semble « charmant » (p. 162). C'est l'évidence : elle aime Léon, qui l'aime aussi. Comme pour résister à la tentation de lui céder, Emma s'efforce d'être une épouse et une maîtresse de maison exemplaires. Tant de perfection décourage Léon, qui ne l'en idéalise que davantage. En réalité, Emma se consume de désirs, « de convoitises, de rage, de haine » (p. 168). Et cet « imbécile » de Charles, qui demeure convaincu de la rendre heureuse (p. 169) ! Emma en maigrit et sombre dans une langueur médicalement inexplicable.

Chapitre VI : Les mois passent. Un soir d'avril, la cloche de l'*Angelus* ravive le souvenir de ses émotions religieuses, au couvent. Emma se rend à l'église dans l'espoir de trouver un réconfort auprès du curé. Leur conversation n'est qu'un long et grotesque malentendu. Plus désemparée et affaiblie que jamais, Emma ne supporte même plus la présence de sa fille. De son côté, Léon s'enfonce dans la mélancolie et décide, après bien des hésitations, de changer de vie et s'installer à Paris. Ses adieux à Emma sont tendus, émus : un geste, un regard pourraient encore tout changer. Léon s'en va. Homais et Charles l'imaginent déjà menant grand train et belle vie dans la capitale.

Chapitre VII : Longtemps Emma ne fait que songer à Léon, puis finit par l'oublier. Pour se récompenser de sa vertu et sagesse, Emma s'achète des « fantaisies » (p. 188). Ses malaises toutefois la reprennent, au désespoir de Charles. Un mercredi, jour de marché, un homme se présente au cabinet de Charles : Rodolphe Boulanger, le nouveau châtelain de la Huchette. Il accompagne l'un de ses fermiers, malade. Au premier regard, il lit en Emma, devine son ennui. Il est célibataire, elle est encore jolie…

L'impossibilité de toute communication

Les personnages parlent et se parlent, mais ne communiquent jamais vraiment entre eux. La timidité de Léon et le faux héroïsme d'Emma les empêchent de s'avouer leur passion, alors que l'un et l'autre savent à quoi s'en tenir. Manquant de la plus élémentaire psychologie, l'abbé Bournisien ne soupçonne pas un instant pourquoi Emma vient le voir. Loin de relever du registre dramatique, cette impossibilité de communiquer est ironiquement traitée par Flaubert, qui n'omet aucun détail pour dévaloriser ses personnages.

Un don Juan cynique

Rodolphe est tout le contraire de Léon : il comprend d'emblée ce que Léon n'a jamais compris ; il est plutôt vulgaire, sans grand goût vestimentaire, mais il passe pour riche et c'est un homme à femmes qui sait comment séduire ses proies. La manière dont il analyse Emma est d'une goujaterie sans nom : « Ça bâille après l'amour, comme une carpe après l'eau [...] Avec trois mots de galanterie, cela vous adorerait, j'en suis sûr ! ce serait tendre ! charmant !... Oui, mais comment s'en débarrasser ensuite ? » (p. 195). Emma en imposait à Léon, Rodolphe, lui, la dominera.

CHAPITRE VIII (pages 196 à 223)

RÉSUMÉ

C'est la mi-août et le grand jour, enfin venu, des Comices agricoles. Tout Yonville est en fête, tendue de banderoles à la gloire de l'Agriculture, de l'Industrie et du Commerce. Les fermiers exposent leurs plus belles bêtes. Une grande tente a été dressée devant la mairie pour abriter un grand banquet. Des officiels font de longs et plats discours. Au premier étage de la mairie où il l'a entraînée, Rodolphe courtise Emma. Ses propos sont ceux de tous les séducteurs, sans originalité. Mais c'est un beau parleur, qui prononce les mots qu'Emma attend, qui sont les plus propres à la troubler. Il lui prend la main, elle ne la retire pas. Le soir, un grand feu d'artifice illumine le bourg. « Le menton levé », Emma suit dans le ciel « le jet lumineux des fusées », tandis que Rodolphe la « contempl[e] à la lueur des lampions » (p. 221).

REPÈRES POUR LA LECTURE

L'entrecroisement des discours

L'épisode des Comices est l'un des plus célèbres et des plus importants du roman. Deux types de discours s'y entremêlent en permanence : celui, privé et discret, que Rodolphe tient à Emma, et celui, officiel et pompeux, que le Conseiller Lieuvain puis Derozerays tiennent à la foule. Ces discours ont en commun de vouloir séduire : ici une femme ; là, toute une population. Chacun à leur façon, ils sont plats et conventionnels.

Une ironie dévastatrice

Cet entrecroisement des discours confère à l'ironie une force inédite et ravageuse. L'annonce des récompenses et des prix alternant avec la parole amoureuse de Rodolphe déconsidère ainsi la scène de séduction :

> « Ensemble de bonnes cultures ! » cria le président.
> – Tantôt, par exemple, quand je suis venu chez vous…
> « À M. Bizet, de Quincampoix. »
> – Savais-je que je vous accompagnerais ?
> « Soixante et dix francs ! »
> – Cent fois même j'ai voulu partir, et je vous ai suivie, je suis resté.
> « Fumiers. »
> – Comme je resterais ce soir, demain, les autres jours, toute ma vie !
> « À M. Caron, d'Argueil, une médaille d'or ! » (p. 216-217).

Plus Emma se sent chavirée, plus l'annonce des récompenses s'accélère et plus les prix remis diminuent de valeur. Cette ironie qui provient de la construction même du chapitre dévalorise la rencontre amoureuse. Tout donne l'impression que c'est Emma que Rodolphe achète… pour pas cher !

RÉSUMÉ

Chapitre IX : Rodolphe laisse volontairement passer six semaines avant de revoir Emma, afin d'accroître chez elle impatience et désirs. Le voici qui joue la comédie du soupirant passionné. Charles survient : les deux hommes s'inquiètent de la santé de la jeune femme. Rodolphe suggère qu'elle fasse de l'équitation. Charles approuve chaudement. Rodolphe et Emma partent bientôt pour une promenade à cheval, en forêt, où elle se donne à son compagnon. Les deux amants se retrouvent désormais chaque jour. Pour Emma, cet adultère est une révélation. Chaque fois qu'elle le peut, elle se rend de bon matin au château de Rodolphe, au risque d'être surprise par un habitant d'Yonville. Rodolphe commence, lui, à la trouver encombrante.

Chapitre X : L'habitude émousse leur passion. « Sûr d'être aimé » (p. 241), Rodolphe devient moins tendre, plus indifférent. Emma tremble de se trahir, d'être surprise, finit par dresser un amer bilan de son existence. Des accès de tendresse maternelle la jettent vers sa fille. Prise de remords, elle se demande même pourquoi elle déteste Charles. Ne vaudrait-il pas mieux l'aimer ? Si, au moins, il montrait quelque valeur ou talent pour qu'elle puisse l'estimer !

Chapitre XI : Justement Hippolyte, le garçon d'écurie du *Lion d'Or,* souffre d'un pied bot, une malformation de naissance qui l'empêche de marcher correctement. Homais, secondé par Emma, convainc Charles de l'opérer. Tout se passe bien, du moins momentanément. Emma en vient à admirer son mari, quand les complications surviennent. La gangrène se déclare. On doit faire appel au célèbre docteur Canivet, qui ampute le malheureux. Désespéré,

Charles se cloître dans son cabinet. Emma en reste profondément humiliée : comment a-t-elle pu croire que son mari pourrait être autre chose qu'un médiocre ? Elle se reporte vers Rodolphe.

Un lent et implacable désenchantement

Emma passe de l'exaltation (« J'ai un amant ! », p. 232) à l'inquiétude d'être démasquée, de se trahir par un mot auprès de Charles, de voir son bonheur clandestin lui échapper : « Elle ne savait pas si elle regrettait de lui avoir cédé, ou si elle ne souhaitait point, au contraire, le chérir davantage » (p. 241). L'évolution de Rodolphe est plus simple et plus cynique : sa liaison avec Emma lui est pratique. Pourquoi se gênerait-il désormais ? L'habitude use et englue les amants.

Une opération atroce

L'amour-propre préside à l'opération du malheureux garçon, et non des raisons strictement médicales : Charles espère en retirer une certaine réputation ; Emma, un retour d'affection pour son mari ; Homais, qui en fait un compte rendu élogieux dans *Le Fanal de Rouen*, un début de notoriété. Leur autosatisfaction contraste avec le martyr d'Hippolyte. L'amputation de sa jambe signe leur médiocrité. Emma en hait davantage Charles. Non seulement l'opération échoue, mais elle était inutile et insensée ! Personne n'a de compassion pour l'amputé. Tout l'épisode est atroce.

CHAPITRES XII À XV (pages 260 à 310)

RÉSUMÉ

Chapitre XII : Emma renoue avec Rodolphe, se lance dans de ruineux achats : vêtements pour elle, cadeaux pour son amant et jambe de bois pour Hippolyte. Les finances du ménage s'en trouvent en difficulté. Emma s'en moque : elle veut s'enfuir avec Rodolphe et rêve de rivages enchanteurs où ils vivront d'amour et de soleil.

Chapitre XIII : Au dernier moment, Rodolphe refuse de partir. En a-t-il d'ailleurs jamais eu vraiment l'intention ? Froidement, il rédige une lettre faussement désespérée de rupture, qu'il humidifie pour faire croire à des larmes ! Emma songe à se suicider, dépérit, est victime d'une « fièvre cérébrale » qui la contraint de s'aliter pendant « quarante-trois jours », récupère, rechute (p. 286). Charles la veille avec constance et sollicitude.

Chapitre XIV : Charles s'inquiète de ne pouvoir rembourser à Homais les dépenses qu'il a engagées pour soigner sa femme. Aussi bon commerçant qu'usurier avisé, M. Lheureux lui prête de l'argent. Emma sombre pendant ce temps dans la dévotion, veut devenir une sainte, s'adonne à des « charités excessives » (p. 293). Homais lui conseille plutôt de se divertir et d'aller par exemple voir un spectacle à Rouen.

Chapitre XV : Les Bovary assistent à la représentation d'un opéra, dont la tragique histoire d'amour dans un vieux château d'Écosse bouleverse Emma et lui rappelle ses lectures adolescentes. Charles, lui, n'y comprend rien : il est heureux de rencontrer, à l'entracte, Léon !

REPÈRES POUR LA LECTURE

La fin d'une liaison

La liaison entre Rodolphe et Emma s'achève comme elle a commencé : dans le cynisme du premier et la naïveté de la seconde. Rodolphe atteint le comble de l'odieux dans la mise en scène de sa rupture : fausse justification, fausse promesse d'éternelle fidélité, fausse larme et faux départ. Emma s'évade à l'inverse dans un imaginaire paradisiaque. Le retour au réel n'en est, pour elle, que plus rude. Sa liaison n'aura été en définitive qu'un long malentendu.

Un naufrage complet

La situation des Bovary empire : financièrement, par les dettes contractées ; affectivement, par l'irrémédiable incompréhension qui s'installe entre les époux ; médicalement, par la dégradation rapide et profonde de l'état de santé d'Emma. Les retrouvailles avec Léon relancent l'intérêt : précipiteront-elles ou retarderont-elles l'issue tragique qui se profile ?

TROISIÈME PARTIE

CHAPITRES I À V (pages 311 à 364)

RÉSUMÉ

Chapitre I : Les Bovary prolongent leur séjour à Rouen. Léon obtient d'Emma un rendez-vous pour le lendemain dans la cathédrale. Sitôt seule, Emma se ravise et écrit une lettre pour se dégager de ce rendez-vous. Mais, comme elle ignore où demeure Léon, elle décide de la lui remettre elle-même en mains propres. Le lendemain toutefois, dans la cathédrale, elle ne se résigne pas à la lui donner. Léon lui propose une promenade en fiacre : elle lui cède, à l'abri des « stores tendus » (p. 327).

Chapitre II : De retour à Yonville, Emma est priée par sa bonne d'aller d'urgence chez Homais. Quand elle arrive dans la pharmacie, celui-ci réprimande violemment Justin qui, pour faire des confitures, a pris une bassine servant d'ordinaire à conserver de l'arsenic : ne sait-il pas, le malheureux, que c'est un poison mortel ! Entre deux éclats de colère contre Justin, Homais apprend à Emma le décès brutal du père de Charles. Les Bovary se préparent au deuil. Survient alors M. Lheureux, qui suggère à Emma d'obtenir une procuration de son mari (qui lui donne toute liberté financière sans avoir besoin d'en référer à quiconque).

Emma en parle à Charles, propose de solliciter un conseil avisé, celui de Léon, par exemple : n'est-il pas clerc de notaire ?

Chapitre III : Emma retrouve donc Léon à Rouen, où elle reste trois jours : « Ce furent trois jours pleins, exquis, splendides, une vraie lune de miel » (p. 339).

Chapitre IV : À son tour, Léon vient à Yonville, s'installe au *Lion d'Or*, rend visite aux Bovary. Heureuse, Emma ne regarde plus à la dépense et contracte de nouvelles dettes auprès de Lheureux. Elle prétend vouloir se remettre au piano. Charles ne voit aucun inconvénient à ce qu'elle se rende chaque jeudi à Rouen prendre des leçons particulières afin de perfectionner sa technique.

Chapitre V : Chaque semaine, Emma rejoint ainsi Léon dans un hôtel. Un jour Lheureux l'aperçoit en sortir à son bras : il se contente de sourire et en profite pour détourner, grâce à la procuration d'Emma, une partie de l'héritage paternel de Charles. La situation financière du couple empire de mois en mois. Ivre d'inconscience, d'amour et de liberté, Emma multiplie dettes et crédits.

REPÈRES POUR LA LECTURE

Nouvelle liaison et nouveaux recommencements

Le premier chapitre qui voit Emma renouer avec Léon renoue aussi avec leurs conversations des deux premiers chapitres de la deuxième partie, quand ils s'aimaient encore platoniquement. Cette répétition – à des années d'intervalles et après des amours vécues séparément de part et d'autre – place leur liaison sous le signe d'un certain grotesque. Chacun ment d'ailleurs à l'autre, et se ment à lui-même.

Emma prise au piège

Emma devient doublement victime. Elle l'est d'abord d'elle-même : de ses élans sentimentaux, de ses frénésies de dépenses, de sa fragilité nerveuse, de ses dénis successifs de la réalité. Elle l'est ensuite de son entourage : de sa belle-mère, odieuse, de Lheureux, de plus en plus ignoble envers elle, de Charles, d'un incommensurable et insupportable aveuglement. La mécanique de la catastrophe se met ainsi progressivement en place : la ruine financière se profile et Emma sait qu'Homais possède de l'arsenic dans un recoin de son officine.

CHAPITRES VI ET VII (pages 365 à 399)

RÉSUMÉ

Chapitre VI : Un jeudi, Homais prend la diligence pour Rouen en même temps qu'Emma, où il avait passé une partie de sa jeunesse. Léon l'a un jour invité à en revoir les lieux. De la journée, Léon ne peut se débarrasser du bonhomme, bavard et curieux de tout. Seule et en colère, Emma prend conscience des défauts de Léon, de l'usure progressive de leur passion. À Yonville l'attend un courrier, la menaçant, faute d'un remboursement rapide de ses dettes, d'une saisie imminente des biens du couple. Emma s'affole, vend tout ce qu'elle peut, sollicite en vain des reports d'échéance. Son humeur change. Léon s'en lasse : cette femme ne risque-t-elle pas de compromettre sa carrière professionnelle ?

Chapitre VII : La saisie se confirme. Pour y échapper, Emma multiplie les démarches, même les plus humiliantes. Les banquiers lui refusent tout prêt ; Léon, sans fortune personnelle, n'entrevoit aucune solution ; son patron, maître Guillaumin, accepte de l'aider, mais seulement si elle couche avec lui. Emma refuse : elle n'est pas « à vendre » (p. 394) ! Rodolphe, qu'elle n'a pas revu depuis trois ans, reste son ultime espoir.

REPÈRES POUR LA LECTURE

Deux déceptions parallèles

Toujours prisonnière de ses rêves d'amour fou, Emma supporte mal l'affadissement de sa passion : elle se déprend de Léon, dont les défauts qu'elle ne percevait pas jusque-là lui sautent désormais aux yeux. Cette décristallisation, ce désamour, intervient au plus mauvais moment pour elle, en pleine débâcle financière de son couple. Léon connaît la même évolution, pour des raisons toutefois différentes : il craint pour sa respectabilité, indispensable à toute bonne carrière notariale. Elle est insatisfaite, il devient ignoble – comme naguère Rodolphe. Ironie suprême : c'est le hasard qui veut qu'Homais ait choisi de se rendre un jeudi à Rouen, qui provoque, au moins en partie, l'éloignement des deux amants.

La tombée des masques

Plus Emma est harcelée par ses créanciers et a besoin d'aide, plus elle se heurte à la curiosité malsaine, sans compassion, des habitants d'Yonville, à la bêtise, à l'égoïsme ou au cynisme de ceux auxquels elle s'adresse. La satire sociale et le regard que Flaubert jette sur la condition humaine est sans concession. Quant à l'ultime espoir placé en Rodolphe, le lecteur le devine dérisoire. Le drame est en marche.

CHAPITRES VIII À XI (pages 400 à 446)

RÉSUMÉ

Chapitre VIII : Emma implore l'aide de Rodolphe, feint le désespoir amoureux. Après trois ans ? Étonné, distant, Rodolphe l'écoute. Trois mille francs ? « C'est pour cela qu'elle est venue » (p. 403). Il ne les a pas. Emma l'accable de reproches, court, à demi-hallucinée, chez Homais, se fait ouvrir par Justin la pièce où est conservé l'arsenic, en avale une poignée, rentre chez elle. Les effets de l'empoisonnement sont immédiats : Charles s'affole, Homais propose de procéder à une analyse, les docteurs Canivet et Larivière, appelés, avouent leur impuissance. L'abbé Bournisien lui administre le sacrement de l'extrême-onction. Dans la rue s'élève la chanson d'un Aveugle, qu'Emma entendait parfois à Rouen : « Souvent la chaleur d'un beau jour/ Fait rêver fillette à l'amour » (p. 419). Emma se redresse sur son lit, éclate de rire et meurt dans une ultime souffrance.

Chapitre IX : Perdu dans sa douleur, Charles prend tant bien que mal les dispositions funèbres nécessaires. Homais et le curé veillent la morte toute la nuit, en s'opposant sur des questions religieuses. Emma est mise en bière.

Chapitre X : C'est l'enterrement : la messe d'obsèques, le convoi et le cortège jusqu'au cimetière, l'inhumation. De la nuit, Charles ne peut dormir, songeant à sa femme défunte. Rodolphe et Léon, absents aux obsèques, dorment chacun à poings fermés.

Chapitre XI : Les créanciers récupèrent auprès de Charles les sommes qui leur sont dues. Félicité, la bonne, le quitte en emportant la garde-robe d'Emma. Brouillé avec sa mère, Charles reste seul avec sa fille. La découverte fortuite des lettres de Rodolphe puis de Léon l'informe de sa longue infortune conjugale. Un jour, il rencontre Rodolphe, à qui il dit ne pas en vouloir : « C'est la faute de la fatalité », estime-t-il (p. 445). Sa fille le retrouve mort sur un banc du jardin. Léon s'est marié. Homais est comblé : il vient de recevoir la « croix d'honneur » (p. 446).

REPÈRES POUR LA LECTURE

La mort atroce et dérisoire d'Emma

L'agonie d'Emma relève du registre pathétique. Les effets de l'empoisonnement sont décrits avec une précision clinique : suées, vomissement, halètement, raidissement des membres, coloration bleutée des lèvres, souffrances de plus en plus intolérables. Mais, en même temps, si atroce soit-elle, cette mort reste comme minée par l'ironie : autour d'Emma qui agonise, Charles et Homais étalent leurs désarroi et stupidité. La chanson de l'Aveugle est comme le contrepoint dérisoire de la vie d'Emma qui, « fillette » (p. 419), rêva d'amour fou. L'entendant, elle expire dans un rire « atroce, frénétique, désespéré, croyant voir la face hideuse du misérable, qui se dressait dans les ténèbres éternelles comme un épouvantement » (p. 420).

La fin solitaire et ambiguë de Charles

Charles ne survit pas longtemps à sa femme. L'acharnement avec lequel ses créanciers le ruinent et la solitude dans laquelle il s'enfonce finissent par le rendre un peu moins pitoyable. Ce médiocre fut aussi un brave homme. Son absence de ressentiment à l'égard de Rodolphe peut s'interpréter diversement, à son débit ou à son faible crédit : on peut y voir une apathie sans nom ou un refus de haïr. Accuser « la fatalité » (p. 445) comme il le fait n'est peut-être pas complètement faux. Cela le dédouane certes de toute responsabilité, mais l'engrenage qui, du début à la fin, emporte Emma paraît si implacable qu'il n'était sûrement pas en mesure de l'enrayer.

Le triomphe de la bêtise et la seconde mort d'Emma

Comme le roman ne s'ouvrait pas, malgré son titre, sur l'apparition de l'héroïne, il ne s'achève pas davantage sur la disparition de celle-ci. L'ouverture l'ignorait, le dénouement l'oublie : la structure du texte la voue en quelque sorte à une seconde mort, elle que ses amants ont déjà chassée de leur esprit. Yonville renoue avec sa monotonie, ses habitudes et ses petites certitudes. Incarnation vivante de la bêtise satisfaite, Homais triomphe : le voici décoré ! Victime de ses rêves et de sa sensualité, Emma est peut-être aussi morte de ce lent et insupportable étouffement.

DEUXIÈME PARTIE

Problématiques
essentielles

1 | Sources et genèse

Madame Bovary doit son existence à un échec. Depuis 1848, Flaubert travaille à sa *Tentation de saint Antoine.* Louis Bouilhet[1] et Maxime Du Camp[2], deux amis proches, à qui il lit son texte, le dissuadent de poursuivre : ce qu'il écrit est trop exalté, trop lyrique. Ils lui conseillent de choisir un sujet très « terre à terre », qui le guérirait de ses penchants et excès romantiques. Durant deux ans Flaubert va chercher un tel sujet.

UN FAIT DIVERS : L'AFFAIRE DELAMARE

Au printemps 1851, Louis Bouilhet attire son attention sur un récent fait divers. « Officier de santé » établi à Ry, près de Rouen, Eugène Delamare, veuf d'une première épouse plus âgée que lui, s'était remarié avec une jeune paysanne, Delphine Couturier. Éprise de luxe et de plaisir, elle avait multiplié les dettes et les amants, avant de se suicider en 1848, en laissant derrière elle une petite fille. Son mari était mort de désespoir un an plus tard. Voilà qui présente bien des points communs avec l'histoire de Charles et d'Emma Bovary.

Quelques affaires judiciaires ont pu également inspirer Flaubert. En 1840, une certaine Marie Lafarge fut soupçonnée d'avoir empoisonné son mari. En 1848, c'est en revanche un cultivateur,

---

1. Louis Bouilhet (1822-1869), ami de Flaubert depuis l'enfance, poète et dramaturge.
2. Maxime Du Camp (1822-1894), ami de jeunesse de Flaubert, journaliste, écrivain et voyageur.

du nom de Laquerrière, qui fut accusé d'avoir empoisonné sa femme à l'arsenic. Éléments troublants : l'arsenic fut acheté à Ry et Eugène Delamare fut cité comme témoin au procès de Laquerrière !

Toujours est-il qu'en 1851, au retour de son voyage en Orient, Flaubert tient l'idée d'une trame narrative. C'est à la fois beaucoup et fort peu.

UNE ÉLABORATION PROGRESSIVE DE « SCÉNARIO » EN « SCÉNARIO »

Flaubert élabore alors longuement et méticuleusement le plan de ce que doit être son roman. Sa correspondance avec Louise Colet et les 1 800 pages de notes manuscrites (conservées à la bibliothèque municipale de Rouen) permettent d'en suivre la genèse. Selon son propre terme, il conçoit et rédige des « scénarios » successifs : les uns d'ensemble, les autres plus ponctuels et plus secondaires.

Les « scénarios » d'ensemble

Flaubert en élaborera dix, dont les trois premiers sont essentiels pour la compréhension de sa méthode.

Son premier « scénario », datant de l'été 1851, fixe les grandes lignes de l'intrigue : la jeunesse de Charles, son mariage, son veuvage, son remariage avec une jeune paysanne (alors prénommée Marie), l'ennui et la fragilité de sa nouvelle épouse, ses deux amants, ses dettes et son suicide, enfin la mort brutale de Charles. C'est l'essentiel de la trame romanesque. Bien des éléments toutefois manquent encore.

Le deuxième « scénario » complète et parfois modifie le premier, dont il est de peu postérieur. Les noms et prénoms des personnages sont arrêtés. L'épisode du bal au château de la Vaubyessard apparaît. Surtout, Emma n'est plus, comme initialement prévu, la maîtresse de Léon avant de devenir celle de Rodolphe. Entre elle et Léon, l'amour est d'abord muet et platonique : « pas de baisade », note crûment Flaubert.

Le troisième « scénario » étoffe les personnages du pharmacien Homais, du commerçant-usurier Lheureux, de l'abbé Bournisien et de Binet. L'impasse financière dans laquelle s'enferme progressivement Emma devient la cause majeure de son suicide. L'opération du pied bot, qui ne fait encore l'objet que d'une note marginale, sera développée plus tard.

▍Les « scénarios » secondaires

Ils sont une soixantaine ! En même temps qu'il conçoit la matière de son roman, Flaubert en précise les aspects épisode après épisode. Voici par exemple ce que prévoit le « scénario XXXVIII » pour la promenade en forêt au cours de laquelle Emma cède à Rodolphe (chapitre IX de la deuxième partie du roman) :

> « Rodolphe vient la chercher.
> Courses dans le bois – au galop. – elle est essoufflée. – on met pied à terre. – il attache les deux chevaux qui broutent les feuilles. – on marche – craintes vagues d'Emma – elle veut revenir vers les chevaux – petites clochettes des vaches perdues dans le taillis – soir d'automne. – mots coupés – roucoulements et soupirs entremêlés dans le dialogue. (– hein… voulez-vous, quoi). – voile noir, oblique sur sa figure, comme des ondes, etc. »
>
> (Archives de Flaubert, bibliothèque municipale de Rouen)

Quand Flaubert se mettra à relater cette promenade, il en aura ainsi tous les éléments en tête. Cette façon de procéder se répète pour chaque chapitre.

▍La recherche documentaire

Parallèlement, Flaubert se livre à un vaste travail de documentation. Si Yonville n'existe pas réellement, la description de la campagne normande n'a, elle, rien d'imaginaire, Flaubert étant lui-même normand. L'épisode de la noce et plus largement l'évocation des mœurs provinciales sont le fruit d'une observation et analyse attentives. L'information médicale relative à l'opération du pied bot et aux effets de l'arsenic est sans faille. Non seulement Flaubert était fils de médecin, mais il s'est plongé dans la lecture de plusieurs ouvrages scientifiques pour être certain de l'exactitude de ses descriptions.

Les ajouts de dernière minute

Si minutieuse soit-elle, cette phase préparatoire n'a pas tout prévu, tout simplement parce qu'aucun plan ne peut tout déterminer à l'avance. Durant la rédaction même de son roman, Flaubert invente encore des événements, des dialogues et même des épisodes importants, comme celui des Comices agricoles. Mais lorsqu'il se met à écrire, Flaubert sait très largement où il va.

LES ÉTAPES DE LA RÉDACTION

La rédaction de *Madame Bovary* fut plus longue que prévue : elle dura cinq ans, presque à longueur de journée. Commencée le 19 septembre 1851, la première partie est terminée en août 1852. De septembre à octobre 1852, Flaubert écrit les trois premiers chapitres de la 2e partie, puis les chapitres IV à VIII durant l'année 1853. En 1854, c'est au tour des chapitres IX à XIII. En 1855, la IIe partie est enfin terminée avec la rédaction des chapitres XIII à XV ; les huit premiers chapitres de la IIIe partie sont également rédigés. En avril 1856, le roman est enfin achevé.

Ce long temps de rédaction s'explique par le fait que Flaubert réécrit sans cesse ses pages, jusqu'à six fois le plus souvent. Il les soumettait à ce que lui-même appelait « le gueuloir » : seul, il se relisait à haute voix pour évaluer l'organisation et l'agencement de ses paragraphes, le rythme de ses phrases, l'effet sonore des mots. Flaubert a traité sa prose comme s'il s'agissait de poésie (→ PROBLÉMATIQUE 13, p. 86).

L'étude de la genèse de *Madame Bovary* met ainsi à mal le mythe romantique d'une création littéraire inspirée par quelque soudaine illumination.

2 | Un roman nouveau, déjà moderne

Madame Bovary a pour sujet une femme mal mariée, victime de ses rêves et de la société. Mais un sujet, quel qu'il soit, ne fait jamais un roman. Le sujet choisi, tout reste en effet non seulement à faire, mais encore à décider : quel type de roman écrire ? selon quelle esthétique ? en quel style ? Ce sont ces questions auxquelles Flaubert se trouve confronté quand il tient enfin son sujet. Son ambition est simple, même si la réalisation en est délicate et complexe. Son roman, il le veut singulier, à part, en rupture avec la tradition romanesque de son époque, bref, nouveau.

UN ROMAN EN RUPTURE AVEC LA TRADITION

Les auteurs que lit Emma (1ʳᵉ PARTIE, VI) sont ceux que Flaubert n'aime guère et à qui il ne veut surtout pas ressembler.

Avec les romans exotiques et sentimentaux

Paul et Virginie est la première lecture, mentionnée, d'Emma. Ce roman de Bernardin de Saint-Pierre (1737-1814), publié en 1788 et alors encore très lu, raconte une émouvante histoire d'amours adolescentes sur fond de décor tropical (l'île de France, aujourd'hui l'île Maurice). *Atala* (1801) et *René* (1802), les deux romans de Chateaubriand[1] (1768-1848), évoquent des amours aussi passionnées que tragiques dans une Louisiane sauvage.

---

1. À l'origine, ces deux romans s'inséraient dans le *Génie du christianisme* (1802), cité p. 86, avant d'être séparément publiés.

Flaubert ne cite pas nommément d'autres romans, exotiques ou sentimentaux, mais l'ironie féroce avec laquelle il en parle en dit assez sur le fond de sa pensée : « Ce n'étaient qu'amours, amants, amantes… » (1ʳᵉ PARTIE, VI, p. 87). Dans *Madame Bovary*, les paysages normands n'ont au contraire rien de dépaysant, ni les amours d'Emma rien d'exaltant.

▍Avec les romans historiques

L'Écossais Walter Scott (1771-1832) est considéré comme le créateur et le maître du roman historique, admiré même de Balzac (1799-1850). Emma lit ses romans, sans doute *Ivanhoé* (1819) ou *La Fiancée de Lammermoor* (1822). En France, Alexandre Dumas (1802-1870) triomphe avec ses intrigues romanesques à forte coloration historique (le cycle des *Trois Mousquetaires*, 1844-1850 ou *La Dame de Montsoreau*, 1846). Les biographies plus ou moins romancées sont à la mode. *Madame Bovary* ne se rattache évidemment pas à cette veine.

UN ROMAN FAUSSEMENT BALZACIEN

Mort en 1850, Balzac reste alors la référence absolue et sa *Comédie humaine* le sommet de l'art romanesque.

▍Une filiation affichée

Flaubert s'y réfère explicitement. Par son sujet d'abord : Balzac avait traité de l'échec conjugal, morne et provincial, dans sa *Physiologie du mariage* (1829) puis dans *La Muse du département* (1843). Par son sous-titre ensuite : « Mœurs de province », qui rappelle les classifications de *La Comédie humaine* (« Scènes de la vie de province » ; « Scènes de la vie de campagne »).

Un modèle écarté

Cette filiation, Flaubert ne l'affiche toutefois que pour mieux s'en écarter. Aucun de ses personnages ne possède en effet l'ambition conquérante des héros balzaciens. « Officier de santé », Charles n'a rien de commun avec son confrère du *Médecin de campagne* (1833) ; ni Emma avec l'héroïne de *La Femme de trente ans* (1834). Le réalisme de Flaubert n'est pas en outre celui de Balzac : il suinte de monotonie et de vacuité, il tend vers l'inexistant alors que le réalisme balzacien fait, lui, accéder à un univers supérieur. (Pour plus de détails sur le réalisme très particulier de Flaubert, → PROBLÉMATIQUE 12, p. 80).

Dans une lettre à Louise Colet, Flaubert confiait : « J'ai peur de tomber dans le Paul de Kock[1] ou de faire du Balzac chateaubrianisé. » C'est dire qu'il n'entend s'inscrire dans aucune tradition.

LE PREMIER DES ROMANS MODERNES

Les techniques d'écriture auxquelles recourt Flaubert font en effet de *Madame Bovary* une œuvre fondatrice, ouvrant la voie au roman moderne.

Par la technique du point de vue subjectif

Une des questions essentielles quand on lit un roman est de savoir qui parle, qui décrit, voit, entend. C'est traditionnellement un narrateur invisible et omniscient : Balzac sait ainsi tout de ses personnages, même leurs pensées les plus secrètes. Chez Flaubert au contraire, nous, lecteurs, nous ne connaissons du monde que ce que les personnages voient ou entendent : nous découvrons ainsi le bal à la Vaubyessard par les seuls yeux d'Emma.

---

1. Aujourd'hui bien oublié, Paul de Kock (1793-1871) était un romancier à la mode, auteur de romans faciles à lire, relatant les amours de la petite bourgeoisie.

C'est ce qu'on appelle le point de vue subjectif. Ce procédé qui consiste à percevoir le monde à travers une conscience, un « Je », sera beaucoup utilisé dans le roman moderne (→ PROBLÉMATIQUE 12, p. 83).

Par une utilisation particulière des descriptions

De même les descriptions dépendent souvent de l'humeur ou de l'état d'âme des personnages. Yonville est ainsi décrit à plusieurs reprises : par Emma, par Léon, par son père, par Rodolphe. À chaque fois l'image du bourg n'est pas la même. La description ne situe plus seulement l'action dans son cadre géographique, historique ou social, comme c'est sa fonction ordinaire, elle remplace l'analyse psychologique, elle devient un comportement (→ PROBLÉMATIQUE 12, p. 80).

Par son style

Pour Flaubert enfin, un roman se définit d'abord par son « style ». Le sien est fait de froideur, de précision et surtout d'ironie à l'égard de son sujet. C'est un travail sur la langue, ses différents registres et ses sonorités : voilà qui est éminemment moderne ! (→ PROBLÉMATIQUE 13, p. 86).

3 | Une publication mouvementée

La rédaction de *Madame Bovary* fut longue, laborieuse et souvent douloureuse. Son manuscrit achevé, Flaubert ne fut pourtant pas au bout de ses peines. Publier n'est jamais simple, au XIXe siècle comme de nos jours. Entre l'éditeur, qu'il faut trouver, et l'auteur, surtout si c'est sa première œuvre, les rapports ne se situent pas sur un pied d'égalité. L'éditeur possède un droit de vie et de mort sur un manuscrit : c'est lui qui décide ou non de le publier. L'histoire littéraire est donc aussi une histoire d'édition. Les circonstances qui entourèrent la publication de *Madame Bovary* sont à cet égard particulières.

UNE PREMIÈRE PUBLICATION EN FEUILLETON

Une pratique courante

Le XIXe siècle voit un essor spectaculaire de la presse. Publier ses œuvres (roman, poésie, théâtre) en feuilleton dans des quotidiens ou des revues généralistes ou spécialisées devient vite habituel : Balzac, Vigny, Musset, George Sand, plus tard Zola, presque tous les grands auteurs ont ainsi publié leurs œuvres dans des éditions dites « pré-originales ». Chacun y trouvait son compte : la presse, en affichant des noms connus ou prometteurs ; et les auteurs, en touchant un public plus large que celui des libraires. Lorsque de surcroît, on était un inconnu, comme Flaubert l'est encore en ce printemps 1856, la publication en feuilleton était une chance à ne pas manquer.

Le choix de la *Revue de Paris*

Deux revues comptent alors : la *Revue des Deux mondes*, la plus prestigieuse, et la *Revue de Paris*, moins honorable mais tout de même connue. C'est à cette dernière que Flaubert confie son manuscrit. La raison en est simple. Maxime Du Camp, visiteur familier de Flaubert à Croisset, en est le codirecteur. Entre les deux hommes, il a toujours été entendu que les lecteurs de la *Revue de Paris* auraient la primeur de *Madame Bovary*.

Six « livraisons » (parutions échelonnées) sont prévues de quinze jours en quinze jours : les 1er et 15 des mois d'octobre, de novembre et de décembre 1856.

UN MANUSCRIT CORRIGÉ ET CENSURÉ

Des demandes de coupures de plus en plus nombreuses

Dès qu'il prend connaissance du manuscrit définitif, Maxime Du Camp demande des coupes. Flaubert s'exécute, bon gré mal gré ; il écrit à son ami Louis Bouilhet : « J'ai supprimé trois grandes tirades d'Homais, un paysage entier, les conversations des bourgeois dans un bal, un article d'Homais » : soit une trentaine de pages ! Flaubert pense en avoir fini. À tort ! À la mi-juillet, Du Camp exige de nouvelles coupes, mais qu'il entend cette fois effectuer lui-même : que Flaubert le laisse faire, le laisse « travailler », dit-il !

Quand Flaubert découvre ce qu'est devenu son texte, il est scandalisé : tout l'épisode des noces campagnardes d'Emma et de Charles (1re PARTIE, IV) a été supprimé, et celui des Comices agricoles (2e PARTIE, VIII) considérablement allégé ! Jugeant son texte défiguré, il exige à son tour qu'on n'en change « rien » : c'est à prendre ou à laisser.

▌Censure et autocensure

Le texte publié sera pourtant modifié pour des raisons de prudence. Depuis qu'il s'est installé sur un coup d'État, le 2 décembre 1851, le Second Empire est un régime autoritaire, qui se veut gardien de l'ordre et de la moralité : la presse et notamment les revues sont particulièrement surveillées. Aussi, pour éviter tout ennui, Flaubert s'autocensure-t-il. Ainsi avait-il initialement écrit que le père de Charles était mort « sur le seuil d'un café après un repas bonapartiste ». Il remplace d'abord « bonapartiste » par « patriotique » puis finalement par « au sortir de table » (3e PARTIE, II, p. 333).

À l'autocensure s'ajoute bientôt la censure de la *Revue de Paris*. Au moment de faire paraître la cinquième « livraison », celle du 1er décembre, Maxime Du Camp juge « la scène du fiacre impossible » (où Emma se donne à Léon) : il redoute qu'elle ne constitue une atteinte aux bonnes mœurs. Elle est donc amputée de sa majeure partie, s'arrêtant à la réplique de Léon : « Où vous voudrez ! » (3e PARTIE, I, p. 326). En contrepartie, Flaubert obtient qu'une note précise en bas de page que « la direction s'est vue dans la nécessité de supprimer ici un passage qui ne pouvait convenir à la rédaction de la *Revue de Paris*. »

La sixième et dernière « livraison » fait pour la même raison l'objet de trois censures préventives : l'épisode d'Emma chez le notaire qui accepterait de l'aider financièrement contre ses faveurs (3e PARTIE, VII, p. 394) ; une partie de la dernière visite d'Emma chez Rodolphe (3e PARTIE, VIII) et le dialogue entre Homais et le curé lors de la veillée funèbre (3e PARTIE, IX). Flaubert s'incline, mais fait insérer une note qu'il rédige et signe cette fois : « Ses scrupules [ceux de la *Revue de Paris*] s'étant renouvelés […], elle a jugé convenable d'enlever plusieurs passages. En conséquence, je déclare décliner la responsabilité des lignes qui suivent ; le lecteur est donc prié de n'y voir que des fragments et non pas un ensemble. » C'est donc un texte incomplet qui paraît en version « pré-originale ».

LES ÉDITIONS EN VOLUME

L'édition originale paraît en librairie quatre mois plus tard, en avril 1857, avec les coupures de l'édition « pré-originale ». Bénéficiant de la publicité que le procès lui a faite entre-temps (→ PROBLÉMATIQUE 4, p. 45), le succès est immédiat. Une deuxième édition sort en 1857, puis une troisième en 1868 et en 1869 avec, à chaque fois, des corrections de Flaubert. L'« édition définitive » paraît en 1873 : le texte y est rétabli dans son intégralité et à nouveau ponctuellement corrigé. C'est celui que nous lisons aujourd'hui.

4 Flaubert devant la justice : morale sociale contre morale de l'art

La publication en feuilleton de *Madame Bovary* vient à peine de s'achever que Flaubert et la *Revue de Paris* apprennent qu'une action en justice est conjointement engagée contre eux pour « outrage à la morale publique et religieuse et aux bonnes mœurs ». Le procès s'ouvre le 29 janvier 1857 devant le Tribunal correctionnel de Paris.

UNE POLICE DE LA LITTÉRATURE

La tenue et les enjeux de ce procès sont inséparables du contexte historique. La surveillance de ce qui s'écrit, se publie ou se joue sur les scènes de théâtre est une pratique fort ancienne : sous l'Ancien Régime, toute publication faisait l'objet d'une autorisation de la « Librairie royale », c'est-à-dire de la censure. La disparition de cette institution, à la Révolution Française, n'entraîna pas celle de tout contrôle des pouvoirs publics sur la littérature.

La situation s'aggrave même dans les premières années du Second Empire. Napoléon III et ses partisans justifièrent le coup d'État du 2 décembre 1851 par la nécessité de sauvegarder la société, jugée menacée dans ses fondements, la famille, jugée en péril, la religion, jugée méprisée, et l'ordre, jugé en danger.

Dans un tel contexte toute atteinte aux « bonnes mœurs » pouvait donc s'apparenter à une affaire d'État. Littéraire, le procès intenté à Flaubert était aussi politique. Il l'était d'autant plus que la *Revue de Paris* passait pour favorable aux républicains.

L'« IMMORALITÉ » DE MADAME BOVARY

L'avocat impérial Ernest Pinard est chargé de l'accusation. L'homme n'est ni sot ni pudibond, et il est plutôt fin lecteur : son réquisitoire n'en est que plus redoutable.

▌Un roman radicalement subversif

Que *Madame Bovary* soit le roman d'un adultère n'est pas ce qui retient principalement son attention : en 1857, le sujet n'était guère nouveau. Ce qui lui paraît bien plus choquant, c'est la manière dont Flaubert le traite. Épouse adultère, Emma en vient à bafouer toutes les valeurs que le Second Empire prétend restaurer : elle néglige ses devoirs d'épouse et de mère, précipite par ses dettes la ruine de sa famille, se réjouit d'avoir un amant, et, pire encore, elle embellit d'en avoir un ! Face à elle, aucun personnage n'incarne la morale ou la vertu. Pas un ne donne de la vie et de la société une image positive.

▌Un roman au style condamnable

L'avocat impérial s'en prend surtout à deux traits du style de Flaubert : ses « tableaux lascifs » et son impersonnalité.

Est « lascif », selon les dictionnaires, ce qui est empreint d'une grande sensualité. Et l'avocat de citer en exemple ce passage : « Ses paupières semblaient taillées tout exprès pour ses longs regards amoureux » (2e PARTIE, XII, p. 269). Emma est, pour lui, « une beauté de provocation ». La formule est jolie.

Quant à l'auteur, il lui paraît scandaleusement absent de son roman : son style impersonnel fait que le lecteur ne sait jamais ce qu'il pense, approuve ou désapprouve du comportement de ses personnages.

Une conception normative de la littérature

Ces accusations révèlent une conception particulière de la littérature (et de l'art en général), selon laquelle celle-ci doit se mettre au service de la société et de la morale dominante. Pinard conclut d'ailleurs son réquisitoire en ces termes : « L'art sans règle n'est plus l'art […] Imposer à l'art l'unique règle de la décence publique, ce n'est pas l'asservir, mais l'honorer. » La littérature se doit donc d'être utilitaire.

L'AUTONOMIE REVENDIQUÉE DE L'ART

Flaubert a pour défenseur l'avocat Senard (à qui il dédiera son roman). Lui aussi est un fin lecteur et un habile orateur. À la morale sociale brandie par l'avocat impérial, il oppose la morale de l'art.

L'art possède sa propre morale

Senard s'attache d'abord à montrer que le roman ne fait en aucune façon l'éloge de l'adultère, qu'il n'est donc pas subversif. Avant d'être l'histoire d'un adultère, c'est celle d'une femme victime de son éducation, qui lui a fait miroiter les bonheurs de la vie conjugale, et qui court de désillusion en désillusion. Rien n'est immoral dans cette peinture, soutient-il, parce qu'elle est vraie.

Ce renversement, très classique chez un avocat, des arguments de l'accusation s'accompagne surtout de l'affirmation de l'existence d'une éthique propre à tout artiste. *Madame Bovary* est un bel et bon roman parce que son auteur y a longtemps travaillé, parce qu'il est « écrit avec une puissance vraiment remarquable d'observation dans les moindres détails ». Le style de Flaubert est même d'autant plus décent que les idées développées sont moins décentes. La morale de l'art réside d'abord et avant tout dans sa qualité et sa perfection esthétique (→ PROBLÉMATIQUE 13, p. 86).

L'autonomie de l'art

L'affirmation de ce principe pose celui de l'indépendance de l'art à l'égard de toute autorité et de tout pouvoir, qu'ils soient politiques, religieux, philosophiques ou moraux. L'art n'a en définitive de compte à rendre qu'à lui-même. C'est là une avancée majeure. Même si le tribunal ne la reconnaît pas franchement et regrette un excès de réalisme pouvant conduire à « la négation du beau et du bon », il acquitte Flaubert le 7 février 1857, au motif que l'« œuvre paraît avoir été longuement et sérieusement travaillée, au point de vue littéraire et de l'étude des caractères ». Six mois plus tard, Baudelaire (1821-1867) n'aura pas cette chance : il sera condamné pour atteinte aux « bonnes mœurs » et plusieurs poèmes de ses *Fleurs du mal* seront censurés. En ce milieu du XIXe, publier représente toujours un risque.

5 | Emma Bovary

Emma apparaît dans la seconde moitié du chapitre II de la 1re partie ; elle meurt au chapitre VIII de la 3e partie, qui en compte encore trois. Avant son apparition, il y a déjà Charles (1re PARTIE, I) et, après sa disparition, il y a toujours Charles (3e PARTIE, IX à XI). Son destin s'inscrit dans la structure même du roman : Emma n'existe qu'en tant que « madame Bovary », un nom à consonance bovine, et qui n'est pas le sien, comme le lui fait remarquer Rodolphe (2e PARTIE, IX, p. 224). Cette épouse est une femme d'une beauté fragile, insatisfaite, mais aussi audacieuse.

UNE FEMME D'UNE BEAUTÉ FRAGILE

Physiquement, Emma est une femme séduisante, nerveusement fragile et de tempérament rêveur.

Une femme séduisante

Sa beauté trouble les hommes. C'est d'ailleurs à travers leurs regards qu'on la découvre. Dès qu'il la voit, Charles est frappé par « la blancheur de ses ongles », par sa chevelure, par « la hardiesse candide » de ses yeux « bruns » (1re PARTIE, II, p. 62). Léon la remarque et la désire sitôt son arrivée à l'auberge du *Lion d'or* (2e PARTIE, II, p. 136). Rodolphe la trouve « jolie » (2e PARTIE, VII, p. 195) avec de « la tournure comme une Parisienne » (2e PARTIE, VII, p. 194). Maître Guillaumin, le notaire, chavire pour elle (3e PARTIE,

VII, p. 392). Partout où elle est, Emma attire les regards et suscite le désir. Charles n'a pas complètement tort quand, veuf, il pense que « tous les hommes, à coup sûr, l'avaient convoitée » (3ᵉ PARTIE, XI, p. 438). Sa beauté sera en définitive un piège, pour les autres comme pour elle.

▌Une fragilité nerveuse

Désirable et désirée, Emma est en effet une femme fragile : excessive dans ses comportements, elle passe d'un extrême à l'autre. Modèle de piété au couvent, elle rejette brutalement sa foi (1ʳᵉ PARTIE, VI, p. 90). Elle se désintéresse de sa fille pour soudain s'en préoccuper (2ᵉ PARTIE, X, p. 244). Souvent elle souhaite être là où elle n'est pas : à Paris, quand elle vit à Tostes (1ʳᵉ PARTIE, IX, p. 110), à Rouen quand elle est à Yonville (3ᵉ PARTIE, IV, p. 345).

Ses malaises sont fréquents. C'est d'ailleurs le diagnostic de sa « maladie nerveuse » qui provoque le déménagement du couple de Tostes à Yonville (1ʳᵉ PARTIE, IX, p. 122). Plus tard une « fièvre cérébrale » (2ᵉ PARTIE, XIII, p. 286) la contraint à longuement s'aliter. Sa rupture avec Rodolphe la jette dans des « mouvements convulsifs » (p. 284). Traquée par ses créanciers, Emma se réfugie chez « la mère Rolet » qui, « effrayée de son visage, se reculait instinctivement, la croyant folle » (3ᵉ PARTIE, VII, p. 399). Emma possède une sensibilité vive qui la conduit aux frontières de l'hystérie.

▌Un tempérament rêveur

Toute sa vie enfin, Emma se fabrique des rêves, qu'elle revit et retravaille sans cesse, comme s'il s'agissait d'œuvres d'art. Sous l'influence des romans de Walter Scott, elle s'imagine en « châtelaine » du Moyen Âge et « rêva bahuts, salle des gardes et ménestrels » (1ʳᵉ PARTIE, VI, p. 87). Après le bal de la Vaubyessard, elle s'achète un plan de Paris, sur lequel « elle remontait les boulevards, s'arrêtant à chaque angle » (1ʳᵉ PARTIE, IX, p. 111). Elle se décrit par le détail le pays paradisiaque où elle vivra d'amour et de soleil avec Rodolphe : « Au galop de quatre chevaux, elle était emportée depuis huit jours vers un pays nouveau, d'où ils ne reviendraient plus » (2ᵉ PARTIE, XII, p. 271).

Quand elle ne rêve pas d'un ailleurs inaccessible, Emma s'invente des rôles dans lesquels elle se complaît et un instant s'admire : en femme « sage » de ne pas avoir acheté d'écharpes à Lheureux (2ᵉ PARTIE, V, p. 165), en épouse modèle, en mère attentive, et elle regrette même de n'être pas « une religieuse d'hôpital » charitable et dévouée (3ᵉ PARTIE, I, p. 315).

UNE FEMME INSATISFAITE

Sous une apparence souvent paisible, Emma est une femme insatisfaite : de sa condition sociale, de son existence, de son mariage.

De sa condition sociale

Emma rêve de s'élever socialement, sans jamais y parvenir. Fille de paysan, elle connaît trop la vie campagnarde pour l'aimer. Son père l'excuse, « trouvant qu'elle avait trop d'esprit pour la culture » (1ʳᵉ PARTIE, III, p. 71-72). Mais, pour la première femme de Charles, elle n'est que « la fille au père Rouault » (1ʳᵉ PARTIE, II, p. 65). Son mariage ne fait pas d'elle une « dame » : elle est l'épouse d'un « officier de santé », pas même d'un médecin. Elle n'est invitée à la Vaubyessard que par « condescendance », parce « qu'elle avait une jolie taille et qu'elle ne saluait point en paysanne » (1ʳᵉ PARTIE, VII, p. 98). Mais elle ne sera jamais réinvitée. Homais estime que « c'est une femme de grands moyens et qui ne serait pas déplacée dans une sous-préfecture » (2ᵉ PARTIE, V, p. 168). L'ironie est dans la préposition « sous », pas dans le fait qu'Emma n'est pas vraiment à sa place à Yonville. Mais Emma n'ira jamais vivre dans une « sous-préfecture ». Toujours au-dessus de sa classe sociale pour certains, elle reste toujours en dessous des classes auxquelles elle voudrait appartenir.

De son existence

Entre ses rêves d'adolescente et sa vie étriquée de femme mariée, l'écart est si grand qu'Emma sombre de tristesse en désillusion. Le village de Tostes est aussi ennuyeux que le « bourg paresseux » d'Yonville (2e PARTIE, I, p. 125). La vie sociale s'y réduit à des commérages et à des dimanches passés chez le pharmacien Homais. La conversation de Charles est « plate comme un trottoir de rue » (1re PARTIE, VII, p. 92). Quand elle l'observe de dos, « elle y trouvait étalée sur la redingote toute la platitude du personnage » (2e PARTIE, V, p. 161). Le manque de moyens financiers (2e PARTIE, III, p. 145) accentue l'étroitesse de son existence. La maternité en rompt la monotonie, mais momentanément : elle souhaitait un garçon et accouche d'une fille. Les Comices (2e PARTIE, VIII), une soirée à l'opéra de Rouen sont les seuls événements notables de sa vie. Emma en devient dépressive : les journées « allaient donc maintenant se suivre ainsi à la file, toujours pareilles, innombrables, et n'apportant rien » (1re PARTIE, IX, p. 117).

De son mariage

Surtout le mariage n'assouvit pas sa sensualité. Emma paraît absente à ses noces comme s'il ne s'agissait pas des siennes (1re PARTIE, IV). Une distance s'installe très vite entre elle et son corps : « Elle songeait quelquefois que c'étaient là pourtant les plus beaux jours de sa vie, la lune de miel, comme on disait » (1re PARTIE, VII, p. 91). Charles ne sait pas rendre sa femme heureuse. Emma est pourtant habitée par « les appétits de la chair » (2e PARTIE, V, p. 169), par des « convoitises » (2e PARTIE, XII, p. 269). Sa soif de jouissance est d'autant plus forte que ses lectures l'ont entretenue dans l'attente du grand amour et d'extases inouïes. Aussi perspicace que vulgaire, Rodolphe comprend que « ça bâille après l'amour » (2e PARTIE, VII, p. 195). « Pourquoi, mon Dieu ! me suis-je mariée ? » se demande-t-elle (1re PARTIE, VII, p. 96). Cette interrogation résume et condense toutes ses insatisfactions.

UNE FEMME AUDACIEUSE

Insatisfaite, Emma n'est pas pour autant résignée. C'est au contraire une femme qui se bat et se débat. Ses liaisons sont une transgression sociale et morale, l'adultère étant alors un délit pénal, passible d'emprisonnement (surtout s'il était le fait de la femme). Mais elles lui permettent de se découvrir, de conquérir (momentanément) sa liberté, qu'elle paiera au prix fort.

▎À la découverte de soi

Avec Rodolphe, Emma fait « l'expérience du plaisir » : elle « s'épanouissait enfin dans la plénitude de sa nature » (2e PARTIE, XII, p. 269). Cette révélation l'embellit, la fait évoluer. Emma adopte des manières d'être et de faire, qui ne peuvent que scandaliser la bourgeoisie d'Yonville : « Ses regards devinrent plus hardis, ses discours plus libres » (p. 266). Elle fume, s'habille en homme, se promène ouvertement au bras de son amant. Ce mépris affiché des convenances, « comme pour narguer le monde » (p. 266), marque le début de son autonomie. Mais ce n'est pas encore la conquête de sa liberté. Même si Rodolphe la juge « tyrannique et trop envahissante » (p. 264), elle lui reste en effet soumise, acceptant tout de lui, devenant presque son objet : « Il en fit quelque chose de souple et de corrompu » (p. 266). Rodolphe est son initiateur cynique.

À la conquête de sa liberté

Avec Léon, son second amant, c'est elle qui, à l'inverse, mène le jeu, qui prend l'initiative de leurs rencontres, qui organise leur séjour à Rouen (3e PARTIE, I et II). Emma le subjugue : « Il se mettait par terre, devant elle ; et, les deux coudes sur ses genoux, il la considérait avec un sourire, et le front tendu » (3e PARTIE, V, p. 350). Comme Rodolphe la pliait à ses désirs, elle plie Léon aux siens, au point que parfois celui-ci s'en effraie : « il se révoltait contre l'absorption, chaque jour plus grande, de sa personnalité » (3e PARTIE, VI, p. 370). Avec et devant Léon, Emma se sent libre, maîtresse de son existence. Preuve en est qu'elle l'appelle « enfant », lui parle souvent à l'impératif (3e PARTIE, V, p. 350-351). Significativement, elle le rejoint à Rouen, loin d'Yonville, là où, le temps d'une étreinte, elle n'est plus « madame Bovary ».

Une audace mortelle

Cette affirmation de soi, Emma la paie de sa vie, faute d'indépendance financière. Les dettes lui ont momentanément permis d'acheter sa liberté. Ne pouvant les rembourser, elle n'a le choix qu'entre le scandale et le suicide. La lâcheté des hommes, qui refusent de l'aider, la pousse à opter pour cette seconde solution. Emma meurt d'avoir trop cru en ses rêves. Son suicide signe la fin de ses illusions : celles d'avoir enjolivé la passion amoureuse ; et celles d'avoir imaginé qu'elle pouvait être elle-même, et non plus seulement « madame Bovary ». Au moment de mourir, la chanson de l'Aveugle qu'elle entendait au plus fort de son bonheur rouennais provoque en elle un rire, « atroce, frénétique, désespéré » (3e PARTIE, VIII, p. 420). C'est le rire dérisoire et tragique de l'échec.

6 | Charles Bovary

Charles Bovary apparaît dans le roman sous le double signe du ridicule et de l'insignifiance. Sans lui pourtant, il n'y aurait pas de « madame Bovary ». C'est donc un personnage essentiel, mais à sa façon : il est en effet un antihéros absolu, un mari grotesque qui se change toutefois en un veuf pathétique.

UN ANTIHÉROS ABSOLU

Charles ne possède aucune des qualités traditionnelles d'un héros de roman : humainement, c'est un être sans caractère, professionnellement, c'est un praticien médiocre.

Un être sans caractère

Charles est un faible, qui a toujours vécu sous la coupe d'autrui. Sa mère qui l'a couvé et maintenu dans un état d'infantilisation, a décidé de ses études, de son logement estudiantin à Rouen, de son installation à Tostes et même de son premier mariage avec la veuve Dubuc. Celle-ci devient alors « le maître ; il devait devant le monde dire ceci, ne pas dire cela » (1re PARTIE, I, p. 57). Son apathie le paralyse. Amoureux d'Emma, Charles laisse le père Rouault faire sa demande en mariage à sa place (1re PARTIE, III, p. 72-74). Son absence de volonté confine à la lâcheté quand il n'ose défendre la pauvre Nastasie, injustement chassée par Emma (1re PARTIE, VIII, p. 109) ou quand il se réfugie dans un silence prudent quand sa mère et sa femme se disputent (1re PARTIE, VII, p. 94).

Un praticien médiocre

Intellectuellement, Charles est peu doué. Les cours de la faculté de médecine dépassent ses capacités de compréhension : « il avait beau écouter, il ne saisissait pas. Il travaillait pourtant » (1re PARTIE, I, p. 55). Aussi n'est-il pas médecin, mais « officier de santé » (le grade d'en dessous). Ses capacités se limitent à réduire une fracture (1re PARTIE, III), à extraire une dent (1re PARTIE, IX, p. 115) ou pratiquer une saignée (II, 7, p. 192). Mais dès qu'il s'agit de soins plus complexes, son incompétence éclate tragiquement, comme le montre l'opération ratée du pied bot (2e PARTIE, XI). Charles ne trouve à son échec qu'une seule explication : « La fatalité s'en était mêlée » (2e PARTIE, XI, p. 257) – ce qui le dédouane à ses propres yeux de toute responsabilité.

UN MARI GROTESQUE

Charles est aussi et surtout un mari au comportement pour le moins paradoxal : aimant et aveugle, il est bafoué et complaisant.

Aimant et aveugle

Charles aime sa femme, et très sincèrement. Toujours prompt à lui plaire, il a pour elle des attentions et lui fait souvent des cadeaux : un « boc » (c'est-à-dire un cabriolet ; 1re PARTIE, V, p. 82) pour ses promenades alentour de Tostes, un daguerréotype (nom donné aux toutes premières photographies, 2e PARTIE, VI, p. 179), une pouliche pour qu'elle puisse faire de l'équitation (2e PARTIE, IX, p. 231-232), des (soi-disant) cours de piano à Rouen (3e PARTIE, IV,

p. 344). Il veille sur elle durant sa longue convalescence (2e PARTIE, XIV). Charles est heureux d'avoir épousé Emma : « l'esprit tranquille, la chair contente, il s'en allait ruminant son bonheur, comme ceux qui mâchent encore, après dîner, le goût des truffes qu'ils digèrent » (1re PARTIE, V, p. 83). Pas un instant, il n'imagine qu'Emma ne soit pas heureuse à ses côtés. La psychologie n'est pas son fort.

▌Bafoué et complaisant

Emma le trompe : avec Rodolphe, avec Léon, en acte, en pensée et en rêve. Jusqu'où Charles en est-il conscient ? Jusqu'où va sa complaisance ? Croyant tous les mensonges de sa femme, jamais il ne soupçonne ses infidélités. C'est même lui qui semble les favoriser. Il insiste pour qu'Emma fasse de l'équitation avec Rodolphe (2e PARTIE, IX), pour qu'elle assiste à une soirée à l'opéra de Rouen (3e PARTIE, XIV). C'est lui encore qui lui fait revoir Léon, qu'il invite à dîner (2e PARTIE, XV, p. 310). Une seule fois le doute l'assaille à propos des cours de piano que sa femme suivrait chez mademoiselle Lempereur. Emma l'apaise en lui montrant plusieurs fausses factures (3e PARTIE, V, p. 356). Jamais il ne s'inquiète des dettes qui s'accumulent. Son aveuglement est incompréhensible. Quand, après la mort d'Emma, il découvre enfin la vérité par les lettres de Rodolphe, il conclut à de possibles amours platoniques (3e PARTIE, XI, p. 438) !

UN VEUF PATHÉTIQUE

Les deux derniers chapitres voient pourtant Charles se métamorphoser : il affronte sa solitude avec une dignité qui le rend respectable et pathétique.

Une solitude respectable

Pour la première fois de sa vie, Charles fait face à la situation créée par le suicide de sa femme. Il règle toutes ses dettes, avec une honnêteté d'autant plus grande que chacun autour de lui profite de son chagrin pour le dépouiller. Sans se plaindre, il vend pour faire face à ses obligations l'argenterie et les meubles du ménage (3e PARTIE, XI, p. 438). Il s'occupe de sa fille comme jamais Emma ne l'avait fait : « Il raccommodait ses joujoux, lui fabriquait des pantins avec du carton, ou recousait le ventre déchiré de ses poupées » (3e PARTIE, XI, p. 439). Lui que tous ont abandonné ne se plaint jamais de sa solitude. Son veuvage le rachète : on finit par éprouver pour lui de la compassion.

Une mort pathétique

Charles survit dans le souvenir de sa femme qu'il ne cesse d'aimer par-delà la mort : « Pour lui plaire, comme si elle vivait encore, il adopta ses prédilections, ses idées » (3e PARTIE, XI, p. 438). Comme pour avoir avec elle une conversation d'outre-tombe, il pousse « son fauteuil » près de lui et passe ainsi la soirée, à côté de Berthe qui « enluminait des estampes » (p. 439). Charles finit même par pardonner à Rodolphe qu'il rencontre un jour par hasard : « Je ne vous en veux pas », lui dit-il en se reprenant aussitôt : « Je ne vous en veux plus ». Ce qui serait une preuve d'absolue générosité est toutefois atténué, compensé par ses ultimes paroles : « C'est la faute de la fatalité ! » (3e PARTIE, XI, p. 445), comme s'il n'était pour rien dans son infortune. Charles meurt seul, en silence, désespéré : il meurt littéralement d'amour. C'est la mort, romantique et romanesque, d'un homme qui n'avait rien pour être un héros de roman.

7 | Les amants

RODOLPHE, UN DON JUAN DE PROVINCE

Gentilhomme campagnard, sans toutefois posséder d'authentique particule nobiliaire, Rodolphe Boulanger, sieur de la Huchette (2ᵉ PARTIE, VII, p. 191) est un don Juan de province, cynique et inélégant. Flaubert en fait un séducteur perspicace, mais sans originalité.

Un séducteur perspicace

S'il est le premier amant d'Emma, Emma n'est pas sa première maîtresse. Ce célibataire a l'expérience des femmes. « S'y connaissant bien », il devine d'emblée ses frustrations : « Ça bâille après l'amour, comme une carpe après l'eau » (2ᵉ PARTIE, VII, p. 195). S'il décide de la séduire, c'est que la « candeur » de la jeune femme le changent de ses aventures faciles et vénales (2ᵉ PARTIE, X, p. 241). En stratège, Rodolphe établit ses plans de conquête, examine « la partie politique de l'entreprise » (2ᵉ PARTIE, VII, p. 195), sait se faire espérer. Après les Comices, il reste « six semaines » sans revoir Emma : la revoir plus tôt, calcule-t-il, « serait une faute » (2ᵉ PARTIE, IX, p. 223).

Un beau parleur sans originalité

Le discours amoureux qu'il tient à Emma possède une double caractéristique : il est efficace et d'une banalité affligeante. Son efficacité réside dans le fait qu'il correspond exactement à ce qu'Emma souhaite entendre : une glorification de l'amour, malheureux de préférence. Mais ce discours charrie tous les lieux communs de la poésie romantique, sur lesquels Flaubert exerce son ironie : la fatalité, les « âmes tourmentées » qui « sont nées l'une pour l'autre » (2ᵉ PARTIE, IX, p. 209 et 214). Rodolphe séduit en somme Emma à bon compte.

UN CYNIQUE SANS ÉLÉGANCE

Don Juan, Rodolphe l'est mais sans les manières. C'est un amant vulgaire et, en définitive, un viveur lâche et cruel.

Un amant vulgaire

Sa muflerie est permanente. Elle transparaît dans son langage : « comment s'en débarrasser ensuite ? » se demande-t-il quand il envisage de conquérir Emma (2ᵉ PARTIE, VII, p. 195). Elle se manifeste surtout dans son comportement. Emma conquise, il « la traita sans façon », « en fit quelque chose de souple et de corrompu » (2ᵉ PARTIE, XII, p. 266). Sa lettre de rupture est un sommet d'hypocrisie. Il va jusqu'à l'humecter pour faire croire à des larmes versées (2ᵉ PARTIE, XIII, p. 278-283) !

Un viveur lâche et cruel

Plus qu'Emma, Rodolphe aime en définitive son confort. S'il refuse de s'enfuir, c'est que « [s]'expatrier, avoir la charge d'une enfant » le gênent. « Et, d'ailleurs, les embarras, la dépense… Ah !

non [...] ! » (2ᵉ ᴘᴀʀᴛɪᴇ, XII, p. 276). S'engager l'effraie. Son refus de prêter de l'argent à Emma pourtant au comble du désespoir souligne son inélégance et sa cruauté (3ᵉ ᴘᴀʀᴛɪᴇ, VIII, p. 403). La mort d'Emma, dont il est au moins en partie responsable, ne lui arrache aucun commentaire. Ce faux gentilhomme n'est qu'un viveur, auquel Emma a eu le malheur de céder.

LÉON, UN AMANT RIDICULE

Second amant d'Emma, Léon est l'antithèse de Rodolphe : c'est un amant ridicule et, en définitive, un médiocre sans enver-gure. Ridicule, Léon l'est d'abord en soupirant transi puis en amant soumis.

Un soupirant transi

Amoureux d'Emma, Léon n'ose lui déclarer sa passion. Aussi joue-t-il auprès d'elle le rôle d'un ami avec qui converser aimable-ment (2ᵉ ᴘᴀʀᴛɪᴇ, II) ou du chevalier servant avec qui se promener (2ᵉ ᴘᴀʀᴛɪᴇ, III). Ce clerc de notaire, professionnellement tenu à la sécheresse des faits, est un sentimental, et même un roman-tique. Emma lui paraissant « vertueuse et inaccessible », il en vient à l'idéaliser : « elle alla, dans son cœur, montant toujours et s'en détachant, à la manière magnifique d'une apothéose qui s'envole » (2ᵉ ᴘᴀʀᴛɪᴇ, V, p. 167-168). L'ironie flaubertienne condamne sans appel ce timide sans panache.

Un amant soumis

Lorsqu'il devient enfin l'amant d'Emma, il n'acquiert pas davan-tage d'envergure. Emma le subjugue et l'assujettit : « Il ne discutait pas ses idées ; il acceptait tous ses goûts ; il devenait sa maîtresse plutôt qu'elle n'était la sienne » (3ᵉ ᴘᴀʀᴛɪᴇ, V, p. 364). Même s'il lui arrive de se révolter « contre l'absorption, chaque jour plus grande, de sa personnalité » (3ᵉ PARTIE, VI, p. 370), il retombe vite dans la soumission. Sa lâcheté, dont il a conscience (p. 370), ne le conduit pas à changer.

UN MÉDIOCRE

C'est que Léon, comme Charles, est un médiocre. Faux ambitieux, il n'aspire qu'à être un petit-bourgeois.

Un faux ambitieux

Léon quitte Yonville pour Paris (2ᵉ PARTIE, VI) : monter à Paris, c'est ce que font les ambitieux des romans de Balzac. Léon Dupuis n'a, lui, rien d'un Rastignac. Il en revient assez vite pour travailler chez un notaire de Rouen (2ᵉ PARTIE, XV, p. 308). Comme Rodolphe, le risque l'effraie. La peur du qu'en-dira-t-on et de voir sa carrière compromise le détache progressivement d'Emma.

Un petit-bourgeois

Pas plus que Rodolphe, Léon n'éprouve de compassion pour Emma, qu'il refuse d'aider financièrement. Le soir de l'enterrement de la femme qu'il a tout de même aimée, auquel il n'a pas assisté, il dort paisiblement (3ᵉ PARTIE, X, p. 436). Léon se marie avec Léocadie Lebœuf, de Bondeville. L'onomastique (science des noms propres) possède ici une valeur à la fois ironique et dépréciative. Léon est devenu « notaire à Yvetot » (3ᵉ PARTIE, XI, p. 437), un homme rangé, sérieux.

8 | Le pharmacien Homais

Dans l'un de ses « scénarios » (→ PROBLÉMATIQUE 1, p. 33), Flaubert fait dériver le nom d'Homais du latin *homo* : l'homme. L'étymologie est fantaisiste, mais d'une ironie cinglante. Ce représentant symbolique de l'humanité par son patronyme est le personnage le plus comique et le plus inquiétant du roman : notable grotesque, le pharmacien Homais est un pseudo rationaliste borné et un homme dangereux.

UN NOTABLE GROTESQUE

Figure de plus en plus en vue, Homais est d'abord un spécialiste des bévues et l'incarnation même de la bêtise.

Une figure de plus en plus en vue

Histoire de la chute de la maison Bovary, le roman est aussi celle de l'ascension d'Homais. Pharmacien, correspondant local pour *Le Fanal de Rouen*, membre de la société d'agronomie et de la commission consultative pour les Comices, auteur de plusieurs opuscules sur la fabrication du cidre (2e PARTIE, VIII, p. 198-200) et sur « le puceron laniger » (3e PARTIE, XI, p. 443), c'est une personnalité d'Yonville. Son influence culmine à la fin du roman : « l'autorité le ménage et l'opinion publique le protège » (3e PARTIE, XI, p. 446). En atteste sa « croix d'honneur », l'équivalent de la légion d'honneur sous la monarchie de Juillet.

Un spécialiste des bévues et méprises

La perspicacité n'est pourtant pas son fort. Justin puis Léon lui semblent amoureux de Félicité, la bonne des Bovary (2e PARTIE, IV, p. 157 et 3e PARTIE, VI, p. 367). À Rodolphe et Emma qui partent en forêt pour leur première étreinte, il souhaite, sans aucune ironie, « bonne promenade » et leur recommande « de la prudence » (2e PARTIE, IX, p. 227). À Rouen, sans tenir compte de l'impatience de Léon de le quitter, il endosse le rôle du fâcheux, de l'importun (3e PARTIE, VI, p. 366-369). L'épitaphe qu'il compose en latin pour Emma est d'une grandiloquence saugrenue et déplacée : « Arrête-toi, passant : tu foules aux pieds une épouse adorable » (3e PARTIE, XI, p. 442).

Une incarnation de la bêtise

Satisfait de lui-même, Homais parle souvent, longuement. Et, plus il parle, plus il débite des lieux communs, des clichés, dans lesquels Flaubert, dans son *Dictionnaire des idées reçues*, voyait le comble de la bêtise. Sur Paris, ses plaisirs et ses tentations (2e PARTIE, VI, p. 184-185), sur la condition des paysans (2e PARTIE, VIII, p. 222), sur les femmes (3e PARTIE, VI, p. 367), il profère des stupidités, comme sur ses goûts littéraires : « Il y a la mauvaise littérature comme il y a la mauvaise pharmacie » (2e PARTIE, XIV, p. 296). Son anticléricalisme virulent qui le fait s'opposer à l'abbé Bournisien (2e PARTIE, XIV, p. 296-297 ; 3e PARTIE, IX, p. 424-426) est aussi traditionnel qu'éculé : « Les prêtres ont toujours croupi dans une ignorance turpide » (2e PARTIE, I, p. 134).

UN PSEUDO RATIONALISTE BORNÉ

S'affichant comme un adepte des Lumières, Homais n'est en réalité qu'une caricature de scientifique.

Un adepte affiché des Lumières

Homais ne cesse de se réclamer de Voltaire et des philosophes du XVIIIe siècle. La Science est son domaine et le Progrès son idéal. Son vocabulaire est truffé jusqu'à l'excès et jusqu'au ridicule de mots savants, techniques ou latins. Quand il mesure la température extérieure en hiver, il la donne en degrés Celsius puis Fahrenheit (2e PARTIE, II, p. 137). « Qu'a donc notre intéressant stréphopode ? » (2e PARTIE, XI, p. 251) demande-t-il quand le malheureux Hippolyte se tord de douleurs. Homais ne peut s'exprimer sans jargonner. L'arrière-boutique où ses produits sont rangés s'appelle pompeusement « laboratoire » (2e PARTIE, I, p. 128). Homais veut donner de lui l'image d'un savant dévoué au bien de ses concitoyens et de l'humanité.

Une caricature de scientifique

C'est en réalité un être médiocre et borné. Son savoir relève plus de l'art oratoire que de la recherche ou de la pratique expérimentale. Ses diagnostics et suggestions terrifient. N'attribue-t-il pas la syncope d'Emma à une ingestion d'abricots ? Et de citer parmi d'autres causes possibles d'évanouissement « l'odeur de la corne brûlée, du pain tendre » (2e PARTIE, XIII, p. 285) ! Plus grave, il propose d'analyser le poison absorbé par Emma – ce qui demande du temps – au lieu de le lui faire rendre – ce qu'impose l'urgence (3e PARTIE, VIII, p. 410). Il prétend enfin guérir l'« Aveugle » de sa cécité avec une simple pommade (3e PARTIE, XI, p. 439) !

UN HOMME DANGEREUX

Sous ces aspects de notable et de progressiste, Homais cache un tyran domestique, un être malfaisant et un arriviste inquiétant.

Un tyran domestique

Obséquieux envers sa clientèle ou les étrangers (2ᵉ PARTIE, II, p. 139 ; 3ᵉ PARTIE, VIII, p. 414-415), le pharmacien se comporte en privé en maître absolu. Il crie volontiers sur ses enfants, à qui il ne laisse aucune liberté (3ᵉ PARTIE, V, p. 161), entre dans d'interminables colères contre son commis (3ᵉ PARTIE, II, p. 329-332). Quant à sa femme, sa discrétion exprime toute sa situation d'épouse soumise (2ᵉ PARTIE, VIII, p. 220 et X, p. 238).

Un être malfaisant

Homais pratique en outre l'exercice illégal de la médecine pour lequel il a déjà été inquiété par la justice (2ᵉ PARTIE, III, p. 144). Son amitié se révèle néfaste. C'est lui qui a le premier l'idée de l'opération du pied bot (2ᵉ PARTIE, XI, p. 245), qui se soldera par un échec. La compassion lui est inconnue. Contre l'« Aveugle » qu'il n'a pu guérir, il publie des articles qui vaudront au malheureux d'être interné (3ᵉ PARTIE, XI, p. 440). À l'encontre de ses principes humanistes, il interdit à ses enfants de fréquenter Berthe, « vu la différence de leurs conditions sociales » (p. 439).

Un arriviste inquiétant

Dévoré d'ambition et assoiffé de réussite sociale, Homais est enfin un courtisan. Il flatte le Pouvoir, qu'il disait combattre, pour obtenir la « croix d'honneur » à laquelle il aspire tant. Son obtention marque son triomphe. Homais est riche, respecté, reconnu. S'arrangeant pour qu'aucun médecin ne prenne la suite de Charles, il règne sur Yonville et sa région (3ᵉ PARTIE, XI, p. 446). Sa réussite ne peut qu'inquiéter. À coup sûr l'homme ira loin. Le pharmacien Homais est une figure magistralement grotesque et effrayante.

9 | L'abbé Bournisien

Curé d'Yonville, l'abbé Bournisien est d'abord une force de la nature, que ne rebutent pas les gros travaux des champs (2ᵉ PARTIE, I, p. 132-133). Mais en tant que prêtre, il se révèle sans charisme, d'un comportement grotesque et grinçant.

UN PRÊTRE SANS CHARISME

S'il est consciencieux, le curé d'Yonville est sans grande spiritualité.

Un curé consciencieux

L'homme exerce son sacerdoce avec application. Il catéchise les enfants du bourg (2ᵉ PARTIE, VI, p. 173-177), visite les malades (Hippolyte, 2ᵉ PARTIE, XI, p. 253 ; Emma, 2ᵉ PARTIE, XIV, p. 290-292), il administre les sacrements (3ᵉ PARTIE, VIII, p. 418), procède à l'inhumation religieuse d'Emma (3ᵉ PARTIE, X, p. 432). Il est par ailleurs sensible à la misère de certains de ses paroissiens (2ᵉ PARTIE, VI, p. 175). À l'exception d'Homais, les habitants d'Yonville paraissent estimer leur curé, à l'instar de l'aubergiste, même si c'est plus pour sa force physique que pour la profondeur de sa foi.

Un homme d'Église sans grande spiritualité

Ce prêtre, plutôt brave, ne rayonne pourtant pas d'une foi intense. Son idéal reste très matérialiste. À l'entendre, le bonheur consiste à être « bien chauffé, bien nourri » (2e PARTIE, VI, p. 175), à prendre « l'air au milieu du bocage » sous la tonnelle dans le jardin des Bovary et à boire avec Charles un « cruchon » de cidre (2e PARTIE, XV, p. 295-296). On sent chez cet abbé un enfant pauvre de la campagne, qui a embrassé la prêtrise pour échapper à sa condition.

UN COMPORTEMENT D'UN GROTESQUE GRINÇANT

Aussi cet abbé ne comprend-il rien aux tourments de l'âme. Il ne devine pas le mal-être d'Emma et il forme avec Homais un duo comique involontaire.

Vis-à-vis d'Emma

Le sens de la visite d'Emma lui échappe. Quand celle-ci lui parle de son « mal », elle veut parler de sa souffrance morale. Lui comprend qu'il s'agit d'un malaise physique, et il lui propose « un peu de thé » (2e PARTIE, VI, p. 175). C'est un quiproquo. Comme tel, il est source de comique, mais, dans ces circonstances, il se révèle fort amer. Emma qui venait lui demander de l'aide est renvoyée par sa méprise à sa solitude.

Vis-à-vis d'Homais

À l'anticléricalisme mécanique d'Homais (→ PROBLÉMATIQUE 8, p. 64), l'abbé répond le plus souvent par des platitudes. Quand il ne trouve plus rien à répliquer, il s'énerve et est prêt à en venir aux mains (2e PARTIE, XIV, p. 296-297). En fait, Homais et lui ne s'affrontent que parce qu'ils se ressemblent. Tous deux sont des hommes de foi – Homais croit en la Science et l'abbé en Dieu – qui séparément sont ridicules et qui ensemble forment un duo à la fois comique et tragique, parce qu'ils concourent par leur bêtise et aveuglement à provoquer la catastrophe : Emma ne trouve auprès d'eux aucune aide, aucun réconfort.

10 | La satire des mœurs de province

En choisissant de sous-titrer son roman « Mœurs de province », Flaubert se présente comme un observateur et un peintre de la société, du moins celle de la Normandie, qu'il connaît bien pour y être né et y avoir vécu. Le tableau qu'il en brosse est sans concession : dans un univers dominé par l'ennui, évolue toute une société sans qualité. Par ses implications esthétiques et philosophiques, la satire dépasse toutefois la férocité d'une simple caricature.

UN UNIVERS D'ENNUI

La campagne normande est dénuée de tout attrait, l'existence de toute joie, et le conformisme est de règle.

Une campagne sans attrait

Les deux lieux de résidence des Bovary n'ont aucun charme : Tostes se réduit à des maisons de briques le long d'une route (1re PARTIE, V, p. 80) et Yonville est un « bourg paresseux », situé dans une « contrée bâtarde » au « paysage sans caractère » (2e PARTIE, I, p. 125). La ferme des Bertaux est isolée à « six bonnes lieues » de Tostes (1re PARTIE, II, p. 58) ; et « La Huchette », propriété de Rodolphe, est à l'écart d'Yonville (2e PARTIE, VII, p. 191). Aucun de ces lieux ne déborde de vie ni de dynamisme. C'est partout « la plate campagne », une « grande surface grise, qui se perdait à l'horizon dans le ton morne du ciel » (1re PARTIE, II, p. 59).

Une existence sans joie

La vie quotidienne y est aussi morne que la géographie. Les distractions sont rares : le dimanche, l'après-midi se passe en promenades et le soir en conversations chez les Homais où « il ne venait pas grand monde » (2ᵉ PARTIE, IV, p. 157) ; par exception et sur invitation, un bal à la Vaubyessard (1ʳᵉ PARTIE, VIII) et des Comices agricoles, une fois l'an mais jamais dans le même bourg (2ᵉ PARTIE, VI, p. 186). Aussi l'ennui est-il un motif récurrent. « Comme je m'ennuie ! » se répète Léon (2ᵉ PARTIE, III, p. 155). « Et on s'ennuie », dit Rodolphe à propos d'Emma (2ᵉ PARTIE, VII, p. 195). Emma se sent accablée par ces journées qui se suivent « à la file », « toujours pareilles innombrables, et n'apportant rien » (1ʳᵉ PARTIE, IX, p. 117). Le temps s'écoule ainsi selon une chronologie incertaine, rythmée par le seul retour des saisons.

Apparences et conformisme

Les comportements ne témoignent d'aucune originalité : tout est dans les apparences et dans un certain conformisme. À Tostes comme à Yonville, on cherche à faire comme à la ville. Emma se voit ainsi accusée de jouer les « demoiselles de la ville » (1ʳᵉ PARTIE, II, p. 65). Lors de ses noces, « les dames, en bonnet, avaient des robes à la façon de la ville » (1ʳᵉ PARTIE, IV, p. 74). Homais, qui n'est pas à une bévue près, refuse d'enlever son chapeau quand il entre dans le Café de Normandie à Rouen, car il estime « fort provincial de se découvrir dans un endroit public » (3ᵉ PARTIE, VI, p. 366), alors que c'est très exactement le contraire. Pour paraître à la page, il se met même à parler argot (3ᵉ PARTIE, VI, p. 365). Toute excentricité ou entorse aux usages est la proie des bavardages et des médisances. Mme Tuvache, l'épouse du maire, juge qu'Emma se compromet pour être allée voir sa fille au bras de Léon (2ᵉ PARTIE, III, p. 150). « Quelqu'un » prévient par lettre anonyme la mère de

Léon que son fils « se perdait avec une femme mariée » (3e PARTIE, VI, p. 378). Il n'y a point de réelle liberté : tout est soumis à l'imitation et à l'observation.

UNE SOCIÉTÉ SANS QUALITÉ

Quelle que soit leur origine sociale, les Normands de Tostes et d'Yonville sont cruellement portraiturés et caricaturés : les paysans sont frustes, les aristocrates vaniteux et décadents, et les bourgeois méprisables.

Des paysans frustes

La description des noces d'Emma (1re PARTIE, IV) et des Comices agricoles (2e PARTIE, VIII) est d'une allègre férocité. Endimanchés, mal à l'aise dans des vêtements inélégants et qu'ils n'ont pas l'habitude de porter, les invités à la noce ripaillent « jusqu'au soir ». Les boissons aidant, les comportements se relâchent, les plaisanteries deviennent vulgaires (1re PARTIE, IV, p. 78). Les Comices sont quant à eux l'occasion d'un éloge ironique de « l'agriculteur » qui ensemence « d'une main laborieuse les sillons féconds des campagnes » (2e PARTIE, VIII, p. 212). Le pathétique le dispute toutefois au comique quand s'avance pour recevoir sa décoration la pauvre Catherine Leroux, qui représente un « demi-siècle de servitude » : « Dans la fréquentation des animaux, elle avait pris leur mutisme et leur placidité » (2e PARTIE, VIII, p. 218-219). Le charretier qu'emploie et qu'accompagne Rodolphe chez Charles est mal dégrossi. Jours de fête ou jours ordinaires, le monde paysan reste un monde sans raffinement. La comparaison n'est pas flatteuse quand Emma découvre que son mari « porte un couteau dans sa poche, comme un paysan » (2e PARTIE, V, p. 162).

Des aristocrates vaniteux et décadents

À l'autre bout de l'échelle, les nobles ne sont pas mieux traités. Il faut tout l'éblouissement d'Emma pour ne pas voir que leurs manières sont surannées. Leur raffinement vestimentaire les fait ressembler à des mannequins, à des automates ou des pièces de musée : « Ils avaient le teint de la richesse, ce teint blanc que rehaussent la pâleur des porcelaines, les moires du satin », et « leur cou tournait à l'aise sur des cravates basses » (1re PARTIE, VIII, p. 103). Le passé est leur refuge et la justification de leurs privilèges. Le « vieux duc de Lavardière », malade et gâteux, incarne et préfigure leur déclin. Les plus jeunes n'attendent du présent que des jouissances et de l'oisiveté. Se ressemblant tous « quelles que fussent leurs différences d'âge, de toilette ou de figure », ils promènent le même regard blasé sur les « chevaux de race et la société des femmes perdues » (p. 103-104). Ils n'ont d'autres talents que de savoir danser, jouer aux cartes, monter à cheval et nouer des intrigues amoureuses. Ils n'ont aucun avenir.

Des bourgeois méprisables

Entre ces nobles décadents et les paysans frustes vient s'intercaler la bourgeoisie, qui concentre tous les défauts et vices. Avec « au moins quinze mille livres de rentes » (2e PARTIE, VII, p. 191), Rodolphe incarne la bourgeoisie aisée : il est cynique, égoïste, avare (→ PROBLÉMATIQUE 7, p. 59). Marchand d'étoffes et de « nouveautés », Lheureux, représentant de la bourgeoisie commerçante, est obséquieux, usurier et maître chanteur (3e PARTIE, VI, p. 382-383). Homais est aussi stupide, arriviste que dangereux (→ PROBLÉMATIQUE 8, p. 63). Ancien militaire, percepteur et capitaine des pompiers, Binet passe son temps à fabriquer des ronds de serviette. Quant au Conseiller, il prononce lors des Comices un discours à la fois pompeux et ridicule (2e PARTIE, VIII, p. 209). Aucun bourgeois n'apparaît en définitive sous un jour positif ou honorable.

UNE SATIRE AUX MULTIPLES IMPLICATIONS

Cette peinture des « mœurs de province » sans concession explique l'envie permanente de fuir qu'éprouvent pratiquement tous les personnages. Pour compréhensible qu'elle soit, cette réaction n'est pas seulement d'ordre psychologique. Ses enjeux sont en effet autant esthétiques que philosophiques.

Une envie permanente de fuir

S'enfuir même en rêve devient dès lors un besoin. Paris et Rouen se parent de prestiges presque mythiques. Emma se fait de la capitale une image luxueuse et idyllique (1re PARTIE, IX, p. 111). Homais l'associe à un lieu de plaisirs, à des « parties fines chez le traiteur » (2e PARTIE, VI, p. 184) avec bal masqué et champagne à profusion. Léon imagine déjà y mener « une vie d'artiste » (2e PARTIE, VI, p. 180). Chacun cultive ainsi une envie d'ailleurs qui lui permet de s'échapper des langueurs et des torpeurs de son existence. Même Homais, pourtant très satisfait de sa personne, ressent la nécessité d'aller faire des « folies » à Rouen (3e PARTIE, VI, p. 365). Ailleurs, la vie est toujours plus agréable ou plus exaltante qu'à Yonville.

Des ruptures esthétiques et éthiques

Cette satire sociale s'inscrit en rupture avec le romantisme, qui assimilait, chez Lamartine par exemple dans ses *Méditations poétiques* (1820), la province à la nature, à la paix et au bonheur. Flaubert n'en donne pas une telle image, bien au contraire. Emma connaît trop la campagne boueuse pour s'y complaire. Cette satire différencie aussi le roman flaubertien du roman balzacien. Les héros de Balzac voient dans la province une base de départ pour leur conquête de Paris ou un refuge, une consolation, en cas d'échec. Léon qui pourrait suivre leur chemin ne fait que séjourner à Paris pour finir par s'installer à Yvetot (3e PARTIE, XI, p. 437). Par cette satire, Flaubert tourne enfin le dos au positivisme triomphant des années 1850 : il ne croit ni au progrès ni au mythe de la civilisation urbaine. Dans *Le Spleen de Paris* (1857), Baudelaire voit dans la ville le lieu de la modernité, de l'avenir. Rien de tel chez Flaubert. Qu'il s'agisse de Paris ou de Rouen, la ville n'est jamais fascinante, sauf dans les rêves d'Emma ou de Léon.

Un enjeu philosophique

Seule manière d'échapper à l'ennui que sécrète cette vie de province, ce désir d'ailleurs soulève une ultime question qui dépasse de loin les enjeux d'une peinture satirique. Est-il tout simplement possible de vivre dans un tel monde ? Léon se le demande, qui « se trouvait à plaindre de vivre dans ce village, avec Homais pour ami et M. Guillaumin pour maître » (2e PARTIE, III, p. 155). Sans le formuler aussi nettement, Emma pense comme Léon. La réponse est évidemment négative : il n'est pas possible de vivre dans un tel monde. L'ennui cesse dès lors d'être campagnard ou provincial pour devenir existentiel. Pour fuir cet ennui – qui s'apparente au spleen de Baudelaire –, il n'y a en définitive que deux façons, toutes deux présentes dans le roman. La première est de s'engluer dans le conformisme, de devenir un bourgeois, qui ne sentira plus la platitude de son existence : c'est la voie que choisit Léon. La seconde est le suicide : celui d'Emma est à la fois une échappatoire à la faillite mais aussi une protestation : « Elle en avait fini, songeait-elle, avec toutes les trahisons, les bassesses et les innombrables convoitises qui la torturaient. Elle ne haïssait personne, maintenant » (3e PARTIE, VIII, p. 411). Victime d'elle-même, Emma l'est aussi de son époque.

11 | Le langage des objets

Mobilier, rideaux, bibelots, bottes, vêtements, ustensiles ména-gers ou professionnels, plateaux de nourritures : les objets abondent dans *Madame Bovary*. Leur présence ne s'explique pas seulement par leur fonction utilitaire ou décorative ni même par le souci de Flaubert de créer un effet de réel. Ils expriment aussi et surtout la personnalité, les pensées ou les désirs de ceux qui les possèdent, les admirent ou les envient. Les objets sont à ce titre un langage. Ils servent de marqueurs puis de révélateurs, certains même se modifient, en changeant en quelque sorte de nature et de forme.

DES OBJETS QUI SONT DES MARQUEURS

Ils indiquent tantôt le statut social tantôt le caractère des personnages.

D'un statut social

La description des intérieurs équivaut à un parcours dans les différentes couches de la société. Avec ses « guenilles indis-tinctes », son unique chambre et son almanach sur « la cheminée poudreuse », le « logis » de la mère Rolet, chez qui Emma a placé sa fille en nourrice, est des plus pauvres (2e PARTIE, III, p. 151). De « bonne apparence », tant extérieure qu'intérieure, la ferme des Bertaut témoigne de l'aisance financière du père Rouault (1re PARTIE, II, p. 60-61). La maison du couple Bovary d'abord à Tostes

(1ʳᵉ PARTIE, V, p. 81) puis à Yonville (2ᵉ PARTIE, II, p. 142) dénote l'appartenance à la petite bourgeoisie. Au sommet de l'échelle se trouve le château de la Vaubyessard, avec son parc, son vestibule en marbre et ses salons (1ʳᵉ PARTIE, VIII, p. 99-101). Les objets comptent ainsi moins pour eux-mêmes que pour ce qu'ils signifient.

D'un caractère

S'ils illustrent une position sociale, ils constituent aussi un portrait et définissent un caractère. Charles est d'emblée marqué par son invraisemblable casquette (1ʳᵉ PARTIE, I, p. 48) : il sera grotesque, comme elle. Le *Dictionnaire des sciences médicales* qui orne sa bibliothèque dit à la fois sa profession et son incompétence, les pages n'en étant pas coupées (1ʳᵉ PARTIE, V, p. 81). Le « laboratoire » et le « capharnaüm » qu'il renferme soulignent les prétentions scientifiques du pharmacien et la vanité de l'homme (2ᵉ PARTIE, I, p. 127-128). Lheureux se définit tout entier par ce qu'il vend : c'est un commerçant né (2ᵉ PARTIE, V, p. 163). Quant aux ronds de serviette que Binet passe son temps à fabriquer, ils sont le symbole d'une vie stupide (2ᵉ PARTIE, I, p. 131).

DES OBJETS QUI SONT DES RÉVÉLATEURS

Quand les objets ne servent pas à caractériser, ils dépeignent tantôt un paysage mental tantôt un désir physique.

D'un paysage mental

Emma se tenant à sa fenêtre est l'un des leitmotivs du roman (1ʳᵉ PARTIE, V, p. 83 ; 2ᵉ PARTIE, IV, p. 156, 158, 159 ; 2ᵉ PARTIE, VI, p. 183 ; 2ᵉ PARTIE, VII, p. 191, etc.). Regarder dehors par la fenêtre, c'est à la fois tourner le dos à sa propre maison et guetter l'inattendu : la fenêtre ainsi traduit l'ennui et les espoirs d'Emma.

De même, chez les Bovary, le couteau sert rarement à couper de la viande, du pain ou tout autre aliment. Avec la pointe du sien, Emma s'amuse à « faire des raies sur la toile cirée » (1ʳᵉ PARTIE, IX, p. 120). Charles, lui, coupe « au dessert, le bouchon des bouteilles vides » (1ʳᵉ PARTIE, IX, p. 116) : on ne peut mieux exprimer la monotonie de leur vie de couple. Voyant Charles jeter le « bouquet de mariée » de sa première femme, Emma se demande ce qu'il adviendra du sien « si par hasard elle venait à mourir » (1ʳᵉ PARTIE, V, p. 82) : c'est comme la prémonition de ses échecs.

Du désir physique

À une époque où le désir, la sensualité et la sexualité sont des thèmes tabous, qui ne peuvent être abordés que très évasivement (→ PROBLÉMATIQUE 4, p. 45), les objets en sont souvent l'expression indirecte ou symbolique. La sensualité d'Emma apparaît dans la façon dont elle boit jusqu'à la dernière goutte son verre de liqueur, « la tête en arrière, les lèvres avancées, le cou tendu » (1ʳᵉ PARTIE, III, p. 70). La « cravache » (1ʳᵉ PARTIE, II, p. 63) qu'elle saisit et redonne à Charles possède une évidente connotation sexuelle. Celle à « pommeau de vermeil » (2ᵉ PARTIE, XII, 264) qu'elle offre à Rodolphe, les bracelets et colliers dont elle se pare pour le recevoir suggèrent l'intensité de leurs étreintes. Avant l'Hôtel de Boulogne, c'est un fiacre qui sert de cadre aux premières relations d'Emma et de Léon (3ᵉ PARTIE, I, p. 326-328). Quant au « petit Justin », il rêve sur les affaires d'Emma que repasse Félicité (2ᵉ PARTIE, XII, p. 261).

DES OBJETS QUI SE MODIFIENT

Quels que soient leurs rôles, les objets ne possèdent pas tous le même statut. Certains d'entre eux se métamorphosent en effet en objets littéraires et d'autres en choses.

En objets littéraires

L'objet devient littéraire quand il perd tout lien avec ce qu'il est censé représenter dans la réalité. Chacun sait par exemple ce qu'est une casquette. Mais qui a jamais vu celle de Charles ? Tenant à la fois « du bonnet à poil, du chapska, du chapeau rond, de la casquette de loutre et du bonnet de coton » (1re PARTIE, I, p. 48), c'est un objet composite, imaginaire, qui n'existe que dans et par la longue description qu'en fait Flaubert. Il en va de même de la pièce montée, pâtisserie traditionnelle des fins de banquets. Celle servie au repas de noces d'Emma est tout aussi invraisemblable que la casquette de Charles (1re PARTIE, IV, p. 77). C'est encore le cas, même si c'est dans une moindre mesure, des plats servis lors du dîner à la Vaubyessard (1re PARTIE, VIII, p. 100). Tous sont l'occasion d'un étourdissant exercice de style. Preuve supplémentaire s'il en était besoin que l'Art peut créer une réalité plus « vraie » que la réalité elle-même.

En choses

L'objet devient enfin chose quand il ne signifie plus rien, quand il perd son langage qui faisait son intérêt. Comme les humains, il meurt alors et disparaît. Êtres et objets finissent d'ailleurs par se rejoindre dans le même néant. Charles contemple une dernière fois sa femme morte : « Il lui semblait que, s'épandant au dehors d'elle-même, elle se perdait confusément dans l'entourage des choses, dans le silence, dans la nuit » (3e PARTIE, IX, p. 428). Tout devient « chose », à jamais rigide et inexpressif.

12 | Le réalisme en question

Madame Bovary est-il un roman réaliste ? Dès sa parution, la question fit débat. Pour les fondateurs et animateurs de la revue *Réalisme* – Duranty et Champfleury – *Madame Bovary* n'avait rien de réaliste. Quelques années plus tard, des écrivains comme Maupassant (1850-1893) et Zola (1840-1902) virent au contraire en Flaubert le premier des romanciers réalistes. Quant à Flaubert lui-même, il a toujours dit « exécrer ce qu'il est convenu d'appeler le réalisme ». Que faut-il donc penser de ces positions contradictoires ?

Tout dépend en fait de ce que l'on entend par « réalisme ». *Madame Bovary* est un roman réaliste par l'exactitude de sa peinture sociale. Le réalisme ne s'est toutefois jamais réduit à la solidité d'une information documentaire : elle en est une condition nécessaire mais insuffisante. Il faut en outre être « vrai », il faut donner l'apparence de la vérité, il faut faire vivre le document. C'est au regard de ce second critère que le réalisme de Flaubert fut jugé insuffisant. La notion de « réalisme subjectif » que l'on emploie aujourd'hui permet de dépasser le débat.

L'EXACTITUDE DE LA PEINTURE SOCIALE

Dans *Madame Bovary*, la description des faits est minutieuse, l'étude de mœurs très documentée et le sens du détail permanent.

Une description minutieuse des faits

Le sujet du roman est d'une banale simplicité : une femme mal mariée devient adultère, accumule des dettes et se suicide pour échapper à ses créanciers. C'est un fait divers, dont les annales judiciaires du temps se faisaient régulièrement l'écho. Flaubert s'y est intéressé de près (→ PROBLÉMATIQUE 1, p. 32). Ses descriptions de paysages sont par ailleurs d'une grande précision, comme par exemple la présentation d'Yonville et de ses habitants (2ᵉ PARTIE, I). L'opération du pied bot ou les effets d'un empoisonnement par arsenic, sur lesquels il s'est longuement renseigné, sont médicalement exacts.

Une étude de mœurs très documentée

Histoire d'une femme, *Madame Bovary* est aussi un roman social. Les différentes classes de la société normande sous la monarchie de Juillet y sont représentées : les nobles du château de la Vaubyessard, la bourgeoisie aisée avec Rodolphe, la bourgeoisie commerçante (Lheureux), la petite bourgeoisie (Léon, les Bovary), les professions libérales (notaires et médecins) et les paysans (→ PROBLÉMATIQUE 10, p. 70). Les vêtements, les objets, les niveaux de langage traduisent d'authentiques manières d'être et de vivre. Les noces d'Emma (1ʳᵉ PARTIE, IV) reproduisent très exactement ce qu'étaient alors des noces campagnardes. Les Comices agricoles (2ᵉ PARTIE, VIII) constituaient un événement annuel et attendu, mêlant discours officiels, distribution de prix et banquet. Même la veillée funèbre (3ᵉ PARTIE, IX) était de tradition, et le reste encore parfois.

Un sens du détail

Flaubert soigne enfin chaque détail, quelle qu'en soit la nature. Ici, c'est la description de la soutane du curé, maculé de « taches de graisse et de tabac » (2ᵉ PARTIE, VI, p. 173). Là, c'est la modeste silhouette du fossoyeur Lestiboudois qui transporte des chaises dans la mairie (2ᵉ PARTIE, VIII, p. 205). Ailleurs, Charles explique comment déboucher un cruchon de cidre (2ᵉ PARTIE, XIV, p. 295-296). Pour faire plaisir à sa femme, il s'enquiert d'un « daguerréotype » (2ᵉ PARTIE, VI, p. 179), dont le procédé venait tout juste d'être inventé (en 1838). Lors d'une promenade dominicale, il est fait mention d'une « filature de lin » en construction (2ᵉ PARTIE, V, p. 160). À la fin du roman, Berthe gagne sa vie dans une « filature de coton » (3ᵉ PARTIE, XI, p. 446). Prises séparément, ces notations n'ont pas en soi grande importance. Leur accumulation finit pourtant par donner une impression de réalité et de vérité.

UN RÉALISME INSUFFISANT ?

Toute nécessaire qu'elle soit, cette impression ne suffit pourtant pas à définir le réalisme. Pour ses adeptes, la fidélité au réel n'a de sens que si elle témoigne d'une vision propre à un écrivain (ou à un peintre), d'une manière de rendre compte de la vie. Flaubert fut à cet égard jugé trop sec, trop « insensible ». Fondé en apparence, ce reproche est clairement assumé par Flaubert.

▌Un reproche d'« insensibilité »

Être exact est une notion scientifique ; être (ou paraître) vrai est une notion artistique. Aussi reprocha-t-on à Flaubert sa trop grande neutralité, son absence d'implication personnelle et affective. *Madame Bovary*, écrivit Duranty, « représente l'obstination de la description. Ce roman est un de ceux qui rappellent le dessin linéaire, tant il est fait au compas, avec minutie ; calculé, travaillé, tout en angles droits, et en définitive sec et aride […] Trop d'étude ne remplace pas la spontanéité qui vient du sentiment » (Duranty, *Réalisme*, 15 mars 1857). À ses yeux, le caractère impersonnel de l'œuvre l'empêchait ainsi d'être vraiment « réaliste ».

Un reproche apparemment fondé

En ce milieu du XIXe siècle, les interventions des auteurs dans leurs romans étaient en effet fréquentes. Balzac n'hésitait pas à interpeller son lecteur et Stendhal à juger des qualités et défauts de ses personnages. Rien de tel chez Flaubert. Son « Moi » n'y transparaît pas : point de confidences ni d'opinions personnelles. Sa présence se manifeste certes ici et là : dans le « nous » par exemple qui ouvre *Madame Bovary* ou dans une pensée générale à valeur de maxime : « la parole humaine est comme un chaudron fêlé » (2e PARTIE, XII, p. 265). Mais cette présence reste en tout état de cause fort discrète. Ce caractère impersonnel est d'ailleurs ce qui a le plus choqué ses censeurs (→ PROBLÉMATIQUE 4, p. 45). En retrait de son livre, Flaubert laisse son lecteur libre de son opinion.

Un reproche assumé

Cette impersonnalité, Flaubert l'a toutefois voulue et recherchée : « Nul lyrisme, pas de réflexion, personnalité de l'auteur absente », écrivait-il à Louise Colet. Sa méfiance volontiers haineuse envers le romantisme explique sa position, mais également ses conceptions esthétiques. L'art lui semble exclure les épanchements du cœur. Tous les sujets lui paraissent égaux : il n'y en a ni de petits ni de grands, ni de bons ni de mauvais. Tout est affaire de « style », lequel justifie, seul, une œuvre et lui suffit. L'auteur n'a donc aucunement besoin d'intervenir pour s'expliquer sur ses intentions ou les commenter : il doit « dans son œuvre être comme Dieu dans l'univers, présent partout et visible nulle part », écrivait-il encore à Louise Colet.

UN RÉALISME « SUBJECTIF »

S'il ne correspond pas exactement à la définition en vogue à son époque, le réalisme de Flaubert n'en existe pas moins. Il ne réside pas dans une approche statique et globale de la réalité, mais dans une saisie partielle et dépendante de l'œil qui l'observe : n'est décrit que ce qu'un personnage voit. C'est le procédé dit de la focalisation interne ou du point de vue précisément dit subjectif. La technique du montage permet même de recréer le réel.

Le point de vue subjectif (ou focalisation interne)

Lors de sa toute première apparition, Charles n'est pas décrit de pied en cap comme pourrait le faire un portraitiste : il l'est à travers le seul regard de ses futurs condisciples : « le *nouveau* était un gars de la campagne, d'une quinzaine d'années environ, et plus haut de taille qu'aucun de nous tous » (1re PARTIE, I, p. 47). De même le lecteur fait connaissance d'Emma à travers le regard de Charles (1re PARTIE, II, p. 62) ou plus tard de Léon (1re PARTIE, II, p. 136). Toute la soirée de bal au château de la Vaubyessard (1re PARTIE, VIII, p. 99-107) est appréhendée à travers les yeux émerveillés d'Emma.

Ce qui vaut pour les personnages vaut aussi pour les paysages. Ceux-ci ne sont pas évoqués en eux-mêmes et pour eux-mêmes mais en fonction de ceux qui les contemplent. Ainsi Yonville est différemment vu par Emma, par son père ou par Léon. Toute à sa joie d'être avec Rodolphe, Emma ne voit qu'un « petit » et « pauvre village » (2e PARTIE, IX, 227). De retour de Paris, Léon a une toute autre vision d'Yonville, qui lui inspire un sentiment de « vanité triomphante et d'attendrissement » (3e PARTIE, IV, p. 342). De retour du cimetière où il vient d'enterrer sa fille, le père Rouault n'aperçoit du « haut de la côte » à l'horizon qu'un « enclos de murs où des arbres, çà et là, faisaient des bouquets noirs entre des pierres blanches » (3e PARTIE, X, p. 435-436). La description du réel dépend de l'observateur, de son état d'esprit et parfois de l'heure de la journée.

La technique du montage

L'angle de vision peut aussi nous être habilement imposé par le narrateur. L'épisode des Comices (2e PARTIE, VIII) en est un excellent exemple. Deux lignes narratrices s'y entremêlent : celle des discours officiels et celle, privée, de la conversation entre Emma et Rodolphe. La scène de séduction interfère ainsi avec celle de la distribution des prix et récompenses. L'effet grotesque est garanti. Si on dissocie toutefois les deux éléments, plaçant les Comices dans un chapitre et la conversation d'Emma et de Rodolphe dans un autre : le grotesque disparaît aussitôt. Flaubert opère donc un montage, au sens où l'on parle de nos jours de montage cinématographique. Le réel est manipulé, reconstruit et même recréé.

Sur un tout autre registre, la même technique de montage s'observe lors de l'agonie d'Emma, qui éclate d'un « rire atroce » en entendant « tout à coup » la chanson de l'Aveugle (3e PARTIE, VIII, p. 419-420). Celui-ci arrive, pourrait-on dire, au bon moment...

Le réalisme de *Madame Bovary* est donc paradoxal. Pour les juges, il était trop poussé parce qu'il outrepassait les règles ordinaires de la bienséance (→ PROBLÉMATIQUE 4, p. 45). Pour les critiques contemporains de Flaubert, il était trop sec, trop peu vivant. De nos jours où la philosophie lie étroitement le réel et la conscience qui le pense ou le contemple, ce réalisme subjectif de Flaubert paraît au contraire très moderne.

13 | Un poème narratif

Qualifier un roman de poème narratif peut a priori surprendre. Flaubert ambitionna pourtant bien de créer une prose nouvelle en écrivant *Madame Bovary* : « Une bonne phrase de prose doit être comme un bon vers, inchangeable, aussi rythmée, aussi sonore », disait-il. La comparaison avec le vers est significative. Flaubert veut conférer à sa prose les qualités de la poésie. C'est en ce sens que l'on peut parler de poème narratif. Il le crée par le rythme, par des jeux sonores et par la variété des registres utilisés.

LES RYTHMES DE LA PHRASE

Les parallélismes, les cadences ternaires et la recherche permanente de la fluidité sont les caractéristiques essentielles du texte de Flaubert.

Les parallélismes

Le retour d'une même structure est fréquent, comme celle-ci en 4+4 syllabes, lorsque Rodolphe espère rencontrer Emma aux Comices : « Elle y sera, je la verrai » (2ᵉ PARTIE, VII, p. 196). Ailleurs, il s'agit d'une symétrie de construction : « elle se plaignait d'amour, elle demandait des ailes » (2ᵉ PARTIE, XV, p. 302). Ou comme dans cette phrase, qui est un alexandrin : « Ils se seraient connus, ils se seraient aimés » (2ᵉ PARTIE, XV, p. 306). Les exclamations sont souvent répétées : « Comme je m'ennuie ! se disait-il, comme je

m'ennuie ! » (2ᵉ PARTIE, III, p. 155) ; « Si je t'aime ! si je t'aime ! »
(2ᵉ PARTIE, XII, p. 273).

▌Les cadences ternaires

Elles sont encore plus nombreuses que les parallélismes. Mots,
groupes de mots et propositions vont souvent par trois. Tantôt
pour traduire un crescendo : « Ce furent trois jours pleins, exquis,
splendides » (3ᵉ PARTIE, III, p. 339) ; « elle était pleine de convoitises, de rage, de haine » (2ᵉ PARTIE, V, p. 168). Tantôt pour dessiner
une silhouette : Charles a « le menton sur sa poitrine, les mains
jointes, les yeux fixes » (2ᵉ PARTIE, XI, p. 257). Tantôt pour effectuer
comme dans un film un gros plan : « Les garnitures de dentelles,
les broches de diamants, les bracelets à médaillon frissonnaient
aux corsages, scintillaient aux poitrines, bruissaient sur les bras
nus » (1ʳᵉ PARTIE, VIII, p. 102). Mais quels qu'en soient les effets, le
rythme ternaire confère à la phrase équilibre et harmonie, comme
dans celle-ci, légèrement ironique : « Les bourgeoises admiraient
son économie, les clients sa politesse, les pauvres sa charité »
(2ᵉ PARTIE, V, p. 168).

▌La recherche de la fluidité

L'absence de tout mot de liaison entre des groupes syntaxiques
ou des propositions (procédé dit de l'asyndète ou de la parataxe)
permet à la phrase et parfois à des paragraphes de se développer
avec fluidité. C'est notamment le cas dans les descriptions :

> « Les ombres du soir descendaient ; le soleil horizontal, passant
> entre les branches, lui éblouissait les yeux. Çà et là, tout autour
> d'elle, dans les feuilles ou par terre, des taches lumineuses trem-
> blaient comme si des colibris, en volant, eussent éparpillé leurs
> plumes. Le silence était partout ; quelque chose de doux semblait
> sortir des arbres »

> (2ᵉ PARTIE, IX, p. 230).

Parce que, dans des propos tenus, il ne restitue que l'essentiel, le style indirect libre auquel Flaubert recourt très souvent allège la phrase. C'est le cas des monologues intérieurs :

> « Il [Charles] croyait entendre l'haleine légère de son enfant. Elle allait grandir maintenant ; chaque saison, vite, amènerait un progrès. Il la voyait déjà revenant de l'école à la tombée du jour […] ; il faudrait la mettre en pension, cela coûterait beaucoup ; comment faire ? »

> (2ᵉ PARTIE, XII, p. 270).

Le procédé évite tous les verbes introducteurs du type : « il pensait que », « il se demandait si ». Le style indirect libre permet même dans certains cas de ne pas nommer l'auteur des propos rapportés : « Ce n'étaient qu'amours, amants, amantes, dames persécutées… » (1ʳᵉ PARTIE, VI, p. 87). À qui attribuer ce commentaire ?

SONORITÉS ET HARMONIE

Flaubert passait ses phrases à ce qu'il appelait le « gueuloir » : il les déclamait pour en apprécier les effets sonores. À la moindre disharmonie, il les modifiait jusqu'à obtention de la consonance souhaitée. Assonances et allitérations sont ainsi soigneusement choisies pour créer tantôt des effets de sens tantôt une plus grande musicalité.

▌Assonances et allitérations

Les assonances (répétitions d'une même voyelle) sont fréquentes. Le maire et sa famille sont ainsi « gens cossus, bourrus, obtus[1] » (2ᵉ PARTIE, III, p. 155). Rodolphe entend « le cri des grillons tapis au loin sous les avoines » (2ᵉ PARTIE, VII, p. 195).

---

1. Par les italiques, c'est nous qui soulignons les sonorités.

Une fois Emma et Léon dans le fiacre, « la *lou*rde mac*hi*ne se *mi*t en *rou*te » (3ᵉ PARTIE, I, p. 326). Accablée de dettes, Emma en est « hébétée, découragée » (3ᵉ PARTIE, VII, p. 390). Elle s'indigne des propositions que lui fait maître Guillaumin : « Quel mi*sé*rable ! quel gou*ja*t !... quelle infamie ! » (3ᵉ PARTIE, VII, p. 394).

Les allitérations (répétitions d'un même son consonantique) sont tout aussi nombreuses. « Ce serait tendre ! charmant » (2ᵉ PARTIE, VII, p. 195), se dit Rodolphe, rêvant de conquérir Emma. Ou encore : « Il y avait sur la *p*endule un *p*etit Cu*p*idon de bronze » (3ᵉ PARTIE, V, p. 351). « Ils se connaissaient trop *p*our avoir ces ébahissements de la *p*ossession qui en centu*p*lent la joie » (3ᵉ PARTIE, VI, p. 379).

Effets sonores et effets de sens

Comme dans un poème où les sonorités jouent un rôle essentiel, cette homophonie (retour des mêmes sons) crée des effets de sens. Voici au début du roman, le garçon de classe qui « *portait* un grand *pupitre* » (1ʳᵉ PARTIE, I, p. 47) : la répétition des consonnes [p] et [t] suggère le bruit de ses *p*as dans la salle de classe. L'identité des sonorités favorise l'identité de sens. Dans l'énumération ternaire « cossus, bourrus, obtus », le retour de la voyelle [u] dans des mots de surcroît composés chacun de deux syllabes établit une équivalence : « cossus » = « bourrus » = « obtus ». La richesse rend bête – ce que tout le roman confirme par ailleurs. Emma courant vers Rodolphe « s'échappait en retenant son haleine, sourian*te*, palpit*ante*, déshabillée » (2ᵉ PARTIE, X, p. 239) : l'émoi (traduit par « palpitante ») vaut illumination (du sourire).

Une obsession de la musicalité

La comparaison des brouillons et de l'état définitif du texte montre à quel point Flaubert avait l'obsession de l'harmonie. Le « *Journal de Rouen* », expression saccadée, devient « *Le Fanal de Rouen* » (2ᵉ PARTIE, VIII, p. 222), formulation plus mélodieuse. « La société des femmes vendues » se change en « société des femmes perdues » (1ʳᵉ PARTIE, VIII, p. 104), expression musicalement plus fluide. Les « stalles » de l'église d'Yonville « en bois de sape » sont finalement « en bois de sapin » (2ᵉ PARTIE, I, p. 127). À chaque fois, Flaubert arrondit ses expressions ou phrases, pour mieux leur donner de couleur musicale.

UNE VARIÉTÉ DE REGISTRES

Comme dans un poème enfin, les registres sont variés : l'ironie se mêle à la satire, au pathétique et au tragique.

▌L'ironie

Revêtant des formes variées, l'ironie est constamment présente. Sous sa forme traditionnelle, elle consiste à dire le contraire de ce qu'on veut faire entendre. Dans la phrase, par exemple : « Ils arrivèrent, en effet, ces fameux Comices » (2ᵉ PARTIE, VIII, p. 196), l'adjectif introduit à lui seul l'ironie, les Comices n'étant « fameux » (célèbres) que pour Homais ou Yonville. Le sarcasme remplit la même fonction : Hivert n'hésite pas à prêter une « bonne amie » à l'Aveugle (3ᵉ PARTIE, V, p. 352). Ailleurs il s'agit d'une association incongrue : la première femme de Charles lui demandait « quelque sirop pour sa santé, et un peu plus d'amour » (1ʳᵉ PARTIE, I, p. 58). Charles ne se rend pas compte de ce qu'il écrit à Rodolphe quand il l'informe que « sa femme était à sa disposition, et qu'ils comptaient sur sa complaisance » (2ᵉ PARTIE, IX, p. 226). Le montage qui fait s'entremêler lors des Comices les discours officiels et les propos de Rodolphe provoque des effets cocasses :

> « – Cent fois même j'ai voulu partir, et je vous ai suivie, je suis resté. "Fumiers." » (2ᵉ PARTIE, VIII, p. 216-217)

Le plus souvent les personnages ne sont conscients ni d'être ironiques ni d'être la cible de l'ironie. C'est le narrateur qui la prend en charge, notamment lorsqu'il s'agit de railler les élans sentimentaux et romantiques d'Emma. L'ironie est l'arme de Flaubert pour dénoncer les idées reçues et la bêtise ambiante.

▌Le pathétique

Parce qu'ils évoquent la souffrance, physique ou morale, des personnages, certains épisodes relèvent du registre pathétique. L'échec de son opération provoque l'amputation du malheureux Hippolyte (2ᵉ PARTIE, XI). Son sort est d'autant plus douloureux que l'entourage (Charles, Homais, l'abbé) manifeste une bêtise puis une indifférence choquantes. La description des effets cliniques de l'empoisonnement d'Emma ainsi que son « atroce » rire final sont presque insupportables (3ᵉ PARTIE, VIII). Le désespoir de Charles, du père Rouault (3ᵉ PARTIE, IX) suscite la compassion. L'inhumation d'Emma s'achève sur cette évocation :

> « Sur la fosse, entre les sapins, un enfant pleurait agenouillé, et sa poitrine, brisée par les sanglots, haletait dans l'ombre, sous la pression d'un regret immense » (3ᵉ PARTIE, X, p. 436)

Il s'agit du petit Justin, amoureux transi mais jamais ridicule d'Emma.

▌Le tragique

Le roman est enfin empreint d'un tragique particulier. C'est celui du quotidien chez des êtres qui n'ont rien des héros majestueux et exceptionnels de la tragédie. « D'où venait donc cette insuffisance de la vie, cette pourriture instantanée des choses où elle s'appuyait ? » se demande Emma (3ᵉ PARTIE, VI, p. 371). Sa mort prochaine l'apaise : « Elle en avait fini, songeait-elle, avec toutes les trahisons, les bassesses et les innombrables convoitises qui

la torturaient » (3ᵉ PARTIE, VIII, p. 411). Le tragique naît de la banalité même de l'existence, de la médiocrité également ordinaire.
Charles finit par en accuser la « fatalité » (3ᵉ PARTIE, XI, p. 445) :
cette fatalité-là n'a rien de grandiose ni d'héroïque, c'est celle des
souffrances qu'inflige la vie.

Ce travail sur le langage, inhérent à toute œuvre d'art, détruit le
mythe romantique de l'inspiration soudaine et géniale, qui s'était
épanoui durant la première moitié du XIXᵉ siècle. L'idée première, à
l'origine d'une œuvre, ne dispense pas du travail sur les mots. Elle
le rend indispensable.

14 | Un nouvel art romanesque

Flaubert n'a pas rédigé de traité théorique sur son art romanesque. Aussi convient-il de rechercher l'idée qu'il s'en fait dans sa correspondance avec Louise Colet et, plus encore, dans son œuvre. Cet art, qu'il n'a pas exposé en bonne et due forme, il l'a en effet illustré dans *Madame Bovary*. À la lecture de son roman, on comprend que Flaubert prône un roman sans « matière » romanesque, peuplé de personnages qui sont autant d'antihéros. Ce faisant, il opère une redéfinition du genre romanesque (et au-delà de la littérature et de l'art en général), tel qu'il existait à son époque et depuis plusieurs siècles.

UN ROMAN SANS « MATIÈRE » ROMANESQUE

Madame Bovary marque un tournant dans l'histoire du roman. C'est selon l'expression même de son auteur « un livre sur rien », qui se révèle à l'analyse un livre sur tout et qui est même pour certains « un livre sur le Rien ».

▌ « Un livre sur rien »

Pour Flaubert, « les œuvres les plus belles sont celles où il y a le moins de matière[1] ». La « matière » – les événements et péripéties – de *Madame Bovary* est quant à elle des plus minces. Le sujet

---

1. Toutes les citations de ce chapitre proviennent de la lettre de Flaubert à Louise Colet datée du 16 janvier 1852.

en est d'une extrême banalité. Une femme mal mariée cherche dans l'adultère une compensation à ses désillusions conjugales et se suicide pour fuir ses créanciers. Les autres personnages – Charles, Homais, l'abbé – mènent une vie étriquée, souvent ratée, toujours ridicule et n'ont rien de très romanesque. Comme si l'ennui d'un bourg situé aux confins de la Normandie finissait par tout envelopper, le roman ne véhicule aucune ambition, aucun héroïsme, aucune grande aventure, pas même sentimentale.

▌ « Un livre sur tout »

Madame Bovary aborde pourtant de nombreux sujets : le sort des femmes sous la monarchie de Juillet, la tyrannie du mariage en l'absence de toute possibilité de divorcer, le corps féminin et ses désirs, l'éducation, les rêves d'enfance, l'hypocrisie des rapports sociaux, la bêtise de la bien-pensance, les carcans moraux, la fonction des objets (→ PROBLÉMATIQUE 11, p. 76), la mort. On pourrait encore allonger la liste, y ajouter par exemple les rapports que l'homme entretient avec la science, notamment médicale, ou avec la nature, mais aussi la littérature, la réaction anti-romantique. Ce « livre sur rien » dont rêve Flaubert est en définitive un « livre sur tout », ou presque.

▌ « Un livre sur le Rien »

Selon Jean-Paul Sartre, qui fut son pénétrant biographe et exégète, Flaubert a écrit ce « livre sur rien » non pas « pour ne rien dire » mais « pour dire le Rien[1] ». « Rien » ne justifie en effet l'existence : ni le Dieu de l'abbé Bournisien ni une quelconque autre nécessité. « Rien » ne justifie non plus la mort soudaine et discrète de Charles ni celle d'Emma dans un « rire atroce ». Tout est illusion, déception, souffrance, routine, mesquinerie, ennui.

---

1. Jean-Paul Sartre, *L'Idiot de la famille*, Gallimard, 1988, t. 3, p. 20.

Comme la justice en accusera son auteur, *Madame Bovary* est un roman « démoralisateur ».

DES ANTIHÉROS POUR PERSONNAGES DE ROMAN

Une absence de protagoniste unique

Si, pour Flaubert, « il n'y a ni beaux ni vilains sujets », il n'y a pas davantage de personnages privilégiés. Le titre du roman laisse entendre qu'il s'agit de l'histoire d'une femme mal mariée, comme il en existait alors un certain nombre. En dépit de son titre, on peut se demander si Emma est la seule protagoniste du roman. Charles l'est tout autant qu'Emma : sans lui, pas de « madame Bovary », sans sa médiocrité, pas d'adultère de son épouse. L'œuvre relate la déchéance d'un couple, mais aussi l'ascension de la famille Homais. Le pharmacien est lui aussi une figure majeure : le roman s'achève d'ailleurs sur sa complète réussite (→ PROBLÉMATIQUE 8, p. 63). Sans lui, il n'y aurait pas d'opération du pied bot, donc pas d'échec de Charles, ni de désillusion d'Emma. Dans un roman de Balzac ou de Stendhal, le héros ou l'héroïne sont clairement identifiés. Tel n'est pas ici le cas.

Des personnages en situation d'échec

Madame Bovary est par ailleurs un roman de l'échec. Emma échoue dans sa quête du bonheur : son mariage est un naufrage et ses deux liaisons le sont tout autant. Charles est un « officier de santé » de second ordre, aussi piètre mari que médiocre praticien. Rodolphe n'est qu'un jouisseur cynique. L'abbé Bournisien est un prêtre fort peu charismatique. Le malheureux Hippolyte est amputé ; le notaire Guillaume ne parvient pas à s'acheter les faveurs d'Emma. Trois personnages réussissent certes socialement, mais au prix d'un conformisme dégradant : Léon, qui deviendra un notable fort bourgeois ; Lheureux, qui se comporte en usurier et qui est au moins en partie responsable du suicide d'Emma ; et Homais, dont le triomphe est celui de la bêtise. Aucune de ces réussites n'est présentée comme enviable.

█ Une neutralité de l'auteur

Flaubert réserve enfin à chacun de ses personnages le même traitement : il ne manifeste pas plus de sympathie ou d'antipathie envers l'un qu'envers un autre. La morale de son œuvre – si tant est qu'une œuvre doit posséder une morale – reste ambiguë : le suicide d'Emma doit-il s'interpréter comme une condamnation de son adultère ou comme la suite froidement logique des événements ? Flaubert reste délibérément absent de son œuvre. Son « Moi » ne s'y manifeste pas ouvertement. Le point de vue du narrateur omniscient qu'il adopte parfois manifeste certes sa présence, mais de manière discrète : dans la présentation géographique, historique, d'Yonville (2ᵉ PARTIE, I), par exemple, c'est le narrateur qui prend en charge le récit. Mais le plus souvent, les descriptions sont saisies à travers le regard des personnages (→ PROBLÉMATIQUE 12, p. 83). Certes encore, la forte présence de l'ironie manifeste celle de l'auteur (→ PROBLÉMATIQUE 13, p. 90). Quant à la fameuse formule que Flaubert aurait prononcée : « Madame Bovary, c'est moi », elle est d'une authenticité douteuse. Si celui-ci l'a jamais prononcée, il faut y voir non pas une confidence d'ordre biographique, mais un effort de Flaubert pour s'effacer, pour se mettre à la place et dans la peau de son personnage.

UNE REDÉFINITION DU ROMAN

Ces caractéristiques font de *Madame Bovary* un roman alors nouveau. Le genre romanesque s'en trouve modifié, par la

primauté accordée au style, qui consacre définitivement l'autonomie de l'art.

Une nouvelle approche du genre romanesque

Avec son sujet banal et ses personnages médiocres, *Madame
Bovary* rompt avec les héros d'exception et les grandes aventures, alors de tradition dans le genre romanesque. C'est que
pour Flaubert le roman ne doit plus se définir par son contenu,
par ce qu'il raconte de plus ou moins passionnant, de plus ou
moins exaltant ou héroïque. L'histoire est secondaire et, idéale-
ment du moins, presque inutile. Les personnages peuvent être
des antihéros. Ils ne sont plus des figures auxquelles s'identifier.
Quelle lectrice rêverait d'ailleurs d'être une seconde « madame
Bovary » ? Quel lecteur s'imaginerait en Charles, en Homais ou en
Rodolphe ?

La primauté absolue du style

Qu'est-ce donc dès lors que le roman selon Flaubert ? C'est,
dit-il, un livre « qui se tiendrait de lui-même par la force interne
de son style ». On commettrait toutefois un contresens en rédui-
sant le « style » à un art de bien écrire, à un emploi de tournures
recherchées. Ce « style », Flaubert le définit comme « étant à lui
tout seul une manière absolue de voir les choses ». Autrement dit,
c'est d'abord un regard porté sur le monde, les êtres, les idées, les
événements, les sentiments. C'est une vision. Le « style » réside
donc dans l'adéquation entre cette vision et son expression par
et dans les mots. Pour Flaubert, comme d'ailleurs souvent pour
ses personnages, « voir » c'est « dire ». *Madame Bovary* traduit à
cet égard la vision qu'a Flaubert de son époque – qu'il juge d'une
bêtise affligeante –, sur le romantisme et ses élans – qu'il estime
ridicules – et même sur l'existence – qu'il ressent lourde d'ennui
et d'absurdité.

L'autonomie de l'art

Le procès intenté à Flaubert et son acquittement montraient déjà que l'art n'avait pas à se soumettre à la morale sociale en vigueur, parce qu'il possédait en lui-même sa propre morale (→ PROBLÉMATIQUE 4, p. 45). Cette redéfinition du roman à laquelle procède implicitement *Madame Bovary* va encore plus loin dans l'autonomie de l'art. Elle le détache de l'imitation servile du réel, même si le roman continue de lui emprunter certains de ses éléments. Juger une œuvre d'après son degré plus ou grand de conformité avec le réel, c'est en effet la juger d'après un critère qui lui est extérieur et comme étranger. L'apprécier en revanche d'après la manière dont l'auteur transcrit sa vision du réel, c'est l'apprécier en fonction d'un critère qui lui est interne. C'est ériger l'art en univers autonome, indépendant de l'univers réel et parfois concurrent de ce dernier. Flaubert, qui se défendait de tout réalisme, dépasse ainsi définitivement la question de savoir s'il est ou non un réaliste et s'il l'est de quelle façon il l'est (sur son réalisme très particulier, → PROBLÉMATIQUE 12, p. 80). Ce qui l'intéresse, c'est l'univers de l'art, et lui seul.

15 | Le bovarysme : une notion en évolution

Le substantif « bovarysme » dérive du patronyme « Bovary ». Signe du succès que le roman rencontra dès sa parution, le mot, qui est alors un néologisme, naît en 1861. Le philosophe Jules de Gaultier le popularise trente ans plus tard, en 1892, en le prenant pour titre et objet d'étude de l'un de ses essais[1]. Quant au verbe « bovaryser », la langue parlée l'utilise depuis le début du XXe siècle – bien avant qu'il n'entre officiellement dans les dictionnaires, à partir des années 2010. Le bovarysme fut et reste encore diversement interprété : tantôt négativement comme une fuite dans l'imaginaire ; tantôt, au contraire, positivement comme un principe d'action. Depuis les années 1960, on y voit plutôt une pathologie à la fois littéraire et médicale.

UNE FUITE DANS L'IMAGINAIRE

À l'origine sont l'ennui et les déceptions. En découle un besoin de s'évader dans les rêves, qui conduit à s'inventer une autre vie.

Ne pas se satisfaire de sa vie

Emma souhaite en permanence mener une autre existence que la sienne. Ce thème revient dans le roman tel un leitmotiv. À peine est-elle installée à Tostes qu'elle ne peut croire que « ce calme

---

1. Jules de Gaultier, *Le Bovarysme, la psychologie dans l'œuvre de Flaubert*, 1892.

où elle vivait fût le bonheur qu'elle avait rêvé » (1ʳᵉ PARTIE, VI, p. 90). Ses journées lui semblent monotones, « toujours pareilles, innombrables, et n'apportant rien » (1ʳᵉ PARTIE, IX, p. 117). Ses déceptions sont de tous ordres : sociales, Tostes puis Yonville suintant l'ennui ; financières, Charles n'étant qu'un modeste « officier de santé » ; et surtout conjugales, Charles se révélant un mari médiocre. Emma n'est d'ailleurs heureuse qu'au début de ses deux liaisons quand la nouveauté et sa sensualité assouvie la comblent. Ce sont toutefois des parenthèses, plus ou moins vite refermées.

S'évader dans les rêves et le romanesque

L'imaginaire offre à Emma un refuge et une compensation à ses frustrations. Ce sont d'abord et surtout ses lectures. Au couvent, elle dévore tous les romans d'amour qu'elle peut trouver (1ʳᵉ PARTIE, VI, p. 87). Plus tard, sa belle-mère lui reproche de « lire des romans, de mauvais livres » (2ᵉ PARTIE, VII, p. 190). Mais Emma sait aussi se fabriquer ses propres rêves : le bal à la Vaubyessard lui laisse un tel souvenir qu'elle l'entretient, le prolonge, l'enrichit d'épisodes (1ʳᵉ PARTIE, IX, p. 110-113).

S'inventer une autre vie

Emma en arrive ainsi à substituer l'imaginaire au réel. À force de vivre dans ses rêves, elle finit par en vivre, et ne vivre que par eux. Emma se conçoit autre que ce qu'elle est. Adolescente, elle se compare aux « femmes illustres » (1ʳᵉ PARTIE, VI, p. 87). Assistant à l'Opéra de Rouen à une représentation de *Lucie de Lammermoor,* elle s'identifie à l'héroïne (2ᵉ PARTIE, XV, p. 302). Elle vit par anticipation sa fuite avec Rodolphe : « Au galop de quatre chevaux, elle était emportée... » (2ᵉ PARTIE, XII, p. 271). La concordance des temps exigerait que Flaubert eût écrit « elle serait emportée ». Mais la formulation « était emportée » est plus suggestive et montre combien Emma vit son rêve. Rien n'est d'ailleurs plus significatif que ce commentaire : « tandis qu'il [Charles] s'assoupissait à ses côtés, elle se réveillait en d'autres rêves » (p. 271).

UN PRINCIPE D'ACTION

À cette interprétation somme toute négative s'oppose une conception plus positive. Rendant compte du roman dans *L'Artiste* du 18 octobre 1857, Baudelaire a été l'un des premiers à l'exposer. Il reconnaît en Emma des « qualités viriles » : une séduction dominatrice, une capacité à agir, une imagination ardente.

Une séduction dominatrice

Qu'Emma soit séduisante est une évidence : les hommes la désirent dès le premier regard. Celle-ci en prend progressivement conscience. Dominée par Rodolphe, elle domine Léon qui « devenait sa maîtresse plutôt qu'elle n'était la sienne » (3e PARTIE, V, p. 364). Celui-ci admire ses « élégances féminines », sa « grâce du langage », « l'exaltation de son âme et les dentelles de sa jupe » (3e PARTIE, V, p. 350). « Enfant », l'appelle-t-elle significativement (p. 351).

Une capacité à agir

Rêveuse, malheureuse, Emma l'est à coup sûr. Elle ne se résigne pas pour autant. Prendre un amant, c'est à l'époque encourir les foudres de la justice. Emma aime braver l'ordre social, le qu'en-dira-t-on. Elle fume, s'habille « à la façon d'un homme », tient tête à sa belle-mère (2e PARTIE, XII, p. 266-267), prend tous les risques pour rejoindre Rodolphe ou rester à Rouen avec Léon. Si elle échoue dans sa quête du bonheur, c'est par la médiocrité de ses amants, non par un manque d'audace.

Une imagination ardente

L'imagination dont on lui fait souvent grief est au contraire pour Baudelaire une qualité : il réhabilite cette « faculté » qu'il juge « suprême » même si elle est « tyrannique ». Sans rêve, il n'est pour le poète du « spleen » point de création, point d'artiste ni même de possibilité de vivre. Même si ceux d'Emma sont trop souvent d'un romantisme plat, on ne peut leur dénier une certaine intensité. Cela seul compte.

UNE PATHOLOGIE LITTÉRAIRE ET MÉDICALE

Négative ou positive, cette approche du bovarysme présente l'inconvénient de rester purement psychologique, dépendant de considérations morales. Aussi s'est-on intéressé depuis les années 1960 à le considérer comme un phénomène en soi. Il apparaît alors comme une maladie littéraire et mentale.

Une maladie propre à la littérature

Le bovarysme est inséparable de la lecture : non pas parce qu'Emma est un personnage de roman, mais parce que sans ses lectures elle ne rêverait pas ni n'agirait comme elle le fait. C'est en ce sens que le bovarysme est une maladie littéraire. Aussi l'a-t-on parfois rapproché du donquichottisme, du nom du héros du roman du même nom (1605 et 1615) du romancier espagnol Miguel de Cervantès (1547-1616). Grand lecteur de romans de chevalerie, Don Quichotte voulait en imiter les héros et en renouveler les exploits. Lui aussi croyait trop à l'imaginaire romanesque. *Madame Bovary* ou du danger qu'il y a à lire des romans !

Une maladie mentale

La médecine s'intéresse aussi au bovarysme, qu'elle interprète comme une possible maladie mentale. Défini comme la « faculté départie à l'homme de se concevoir autrement qu'il n'est », il s'apparente à un déni du réel, à une incapacité à voir et affronter le monde tel qu'il est. C'est toute l'ambiguïté des rêves éveillés : ils peuvent être un stimulant, une évasion bénéfique ; mais à trop les cultiver, à ne plus faire la différence entre le réel et la fiction (le virtuel, dirait-on aujourd'hui) ils peuvent aussi se révéler dangereux. Signe de sa richesse, le bovarysme reste une notion ambivalente.

16 | L'ouverture du roman et ses enjeux

« Nous étions à l'étude... demeurait immobile, les yeux baissés. »

(1re PARTIE, chapitre I, p. 47-50)

Toute ouverture de roman en annonce et fixe les principales caractéristiques. L'entrée en scène de celui qui se révélera l'un des principaux protagonistes n'en est que plus capitale. Flaubert y déjoue tous les codes alors en vigueur du genre romanesque.

UN INCIPIT DOUBLEMENT SURPRENANT

L'incipit (verbe latin signifiant : « il commence ») désigne la première phrase d'un roman et par extension la première page. Celui de *Madame Bovary* ne peut que surprendre le lecteur.

Malgré son titre qui annonce l'histoire d'une femme mariée, le roman s'ouvre sur l'apparition d'un collégien de quinze ans.

« Nous étions à l'Étude » : ce « nous », qui prend en charge le récit, désigne un collégien, témoin de l'arrivée de ce « nouveau ». Restant anonyme, il se réduit à sa fonction narrative. Mais, celle-ci remplie, ce « nous » disparaît par la suite.

UNE TECHNIQUE QUASI CINÉMATOGRAPHIQUE DE PRÉSENTATION

C'est donc par le regard de ce « nous » que le lecteur fait connaissance du « nouveau ». Sa présentation est progressive : elle s'effectue par une description de ses vêtements, et notamment de sa casquette ; elle se poursuit par l'évocation de ses gestes : il se lève, s'assoit, se relève, mais toujours maladroitement ou à contre-temps ; elle continue par le bredouillement de sa voix ; elle s'achève sur son nom, mal prononcé et mal compris : « *Charbovari !* » (p. 49).

UNE DESCRIPTION SIGNIFICATIVE

La description des habits du « nouveau » équivaut à la peinture de son caractère. D'emblée, celui-ci apparaît comme un être socialement inadapté : d'une part, ce « gars de la campagne » est « habillé en bourgeois » (en costume de ville) ; d'autre part, il devrait porter, comme tous les autres élèves, l'uniforme (alors obligatoire) de son école.

Ses vêtements font par ailleurs songer à ceux d'un clown : étroits, ils le gênent aux « entournures » et ils sont de couleurs disparates : verts, noirs, bleus, jaunes !

Invraisemblable et d'un grotesque absolu, la casquette para-chève l'accoutrement. Chef-d'œuvre de mauvais goût, sa « laideur muette a des profondeurs d'expression comme le visage d'un imbécile » (p. 48).

UN OBJET DE RISÉE GÉNÉRALE

Cet habit illustre visuellement le ridicule de celui qui n'est encore que le « nouveau », mais qui est déjà celui dont se moque.

Ses maladresses provoquent un comique de geste : « Il se leva ; sa casquette tomba. Toute la classe se mit à rire ». Ce comique de geste devient comique de répétition : « Il la ramassa encore une fois » (p. 48) ; « Ma cas… » (p. 49).

Au rire des collégiens s'ajoute l'ironie du professeur à son égard et qui fait redoubler de rire la classe : il assimile la « casquette » à un « casque » (p. 48).

Le bredouillement de son nom « Charbovari » provoque un charivari complet. Les deux mots sont trop proches l'un de l'autre pour ne pas les associer : « On hurlait, on aboyait, on trépignait, on répétait : *Charbovari* » (p. 49).

Lui-même se trouve enfin contraint de reconnaître et d'assumer publiquement son ridicule en devant recopier « vingt fois le verbe *ridiculus sum* » (en latin : « je suis ridicule »).

UN ÉLÈVE PAS TRÈS DOUÉ

Si ses vêtements le ridiculisent, les appréciations scolaires portées sur lui le discréditent intellectuellement.

« Si son travail et sa conduite sont méritoires, il passera dans les grands, où l'appelle son âge », dit le Proviseur à mi-voix au professeur (p. 47). C'est dire que ce « nouveau » intègre une classe en dessous de celle où il devrait normalement être.

Il doit en outre de « ne pas descendre dans la classe inférieure » qu'à sa bonne volonté et à sa connaissance passable des « règles » (de grammaire, française et latine).

LES TONS ET REGISTRES

Cette ouverture du roman joue sur les différents registres du comique, de la parodie et de l'ironie :
– Comique de gestes : le lancer des casquettes, des boulettes de papier (p. 50) ; les gestes manqués de Charles.
– Comique de mots : le bredouillage, les cris du charivari, l'assimilation de la casquette à un casque.
– Comique du déguisement, Charles étant moins habillé qu'accoutré.
– Comique de situation : Charles est embarrassé, mal à l'aise dans son nouveau milieu.

L'entrée de Charles dans l'Étude est une parodie de procession religieuse : d'abord le Proviseur, puis le nouveau, enfin d'un « garçon de classe qui portait un grand pupitre » (p. 47). L'allusion au « casque » fait plus précisément songer à une parodie des scènes d'adoubement des chevaliers au Moyen Âge.

Quant à l'ironie, elle réside essentiellement dans la situation – dans le regard et la pensée du narrateur qui ne manque aucune occasion de souligner l'écart existant entre le groupe et Charles.

LES ENJEUX DE CETTE OUVERTURE

Celle-ci prend le contre-pied des ouvertures romanesques traditionnelles : non seulement il ne s'y passe rien d'exceptionnel ni même d'important, mais celui qui par son nom de Bovary est appelé à jouer un rôle essentiel est un personnage falot et ridicule. Le ton général de l'œuvre est en outre donné : ironie, parodie et comique domineront.

Un certain tragique apparaît à la réflexion. Ce « *Charbovari* » est appelé à donner son nom à « madame Bovary » (cf. le titre). De celle-ci, le lecteur ignore encore tout, jusqu'à son nom de jeune fille. On ne peut que la plaindre. Absente, inconnue, elle est déjà victime.

17 | Des dangers des livres, des rêves et de l'éducation

> « Elle avait lu Paul et Virginie… le bonheur qu'elle avait rêvé. »
>
> (1ʳᵉ PARTIE, chapitre VI, p. 84-90)

Par un retour en arrière, ce chapitre évoque ce que fut l'éducation d'Emma. Il se situe sitôt après son mariage (1ʳᵉ PARTIE, IV) et son installation à Tostes (1ʳᵉ PARTIE, V), où l'insatisfaction la mine déjà : elle « cherchait à savoir ce que l'on entendait au juste dans la vie par les mots de félicité, de passion et d'ivresse, qui lui avaient paru si beaux dans les livres » (p. 84). Le chapitre VI apporte une première explication à cette désillusion : Emma est victime de ses rêves et de son éducation.

L'ÉVEIL DE LA SENSUALITÉ

Emma est une solitaire. Jusqu'à « treize ans », cette fille de la campagne a vécu dans une ferme, à l'écart de tout. Lire fut son évasion. La lecture de *Paul et Virginie* (1788) de Bernardin de Saint-Pierre (1737-1814), roman exotique relatant des amours adolescentes, l'a entretenue dans un certain sentimentalisme.

Ses années de couvent la voient s'abandonner à une « langueur mystique » (p. 85), qui ne doit toutefois rien à une foi profonde, mais tout à des sensations physiques : les « parfums de l'autel », la « fraîcheur des bénitiers », le « rayonnement des cierges » (p. 85). Sans qu'elle en ait encore une claire conscience, Emma s'éveille à la sensualité : « Les comparaisons de fiancé, d'époux, d'amant céleste et de mariage éternel qui reviennent dans les sermons lui soulevaient au fond de l'âme des douceurs inattendues » (p. 85-86).

Cette sensualité naissante, encore vague et sans objet, se développe au contact des nombreux romans sentimentaux qu'Emma dévore. Feuilleter des « keepsakes[1] » la fait frémir : « C'était, derrière la balustrade d'un balcon, un jeune homme en court manteau qui serrait dans ses bras une jeune fille en robe blanche » (p. 88). L'amour cesse d'être éthéré pour s'incarner en des figures romanesques.

UN TEMPÉRAMENT RÊVEUR

Sa propension à rêver s'en trouve accentuée. Emma s'imagine un destin hors du commun. Elle s'identifie aux héroïnes de ses lectures : « Elle aurait voulu vivre dans quelque vieux manoir comme ces châtelaines au long corsage » ; elle a « des vénérations enthousiastes à l'endroit des femmes illustres » (p. 87). Aussi passe-t-elle par des phases d'exaltation et de mélancolie, comme après la mort de sa mère par exemple. Tombée malade, elle « fut intérieurement satisfaite de se sentir arrivée du premier coup à ce rare idéal des existences pâles, où ne parviennent jamais les cœurs médiocres » (p. 89). Moment important : c'est la première fois qu'Emma cherche aussi consciemment à vivre comme les héroïnes de ses romans. Le rêve envahit sa vie.

---

1. Livres-albums contenant des textes en vers et en prose, agrémentés de nombreuses gravures. Ce genre de livres était alors très à la mode dans les milieux aisés.

L'ÉDUCATION FÉMININE EN QUESTION

Ces pages font implicitement le procès de l'éducation féminine au XIXᵉ siècle. Emma n'acquiert en effet aucun sens critique : elle croit ce qu'elle lit. Bien qu'elle soit d'un « esprit positif », rien ne la prépare à affronter le réel. Tout ce qui est contrainte, « discipline », adaptation lui est « quelque chose d'antipathique ». Elle n'aime la littérature que pour ses « excitations passionnelles » et l'église que « pour ses fleurs » (p. 90). Cette éducation, qui est pour une bonne part une absence d'éducation, Emma finit d'ailleurs par la rejeter. Elle se révolte dès lors qu'on veut lui faire embrasser la vie religieuse et conventuelle. Son corps se cabre. Le mal est pourtant fait. Emma se libère des contraintes de son éducation, mais elle demeure prisonnière de ses lectures et rêves de prince charmant.

UNE SATIRE DU ROMANTISME

Ce chapitre est une allègre satire du romantisme. De *Paul et Virginie* de Bernardin de Saint-Pierre qui en fut l'un des précurseurs, Emma ne retient que « l'amitié douce de quelque bon petit frère » (p. 84-85). Les lectures à haute voix du *Génie du christianisme* (1802) de Chateaubriand (1768-1848) font retentir « la lamentation sonore des mélancolies romantiques se répétant à tous les échos de la terre et de l'éternité » (p. 86). Après la mort de sa mère, Emma glisse « dans les méandres lamartiniens », écoute « les harpes sur les lacs, tous les chants de cygnes mourants, toutes les chutes de feuilles, les vierges pures qui montent au ciel, et la voix de l'Éternel discourant dans les vallons » (p. 89). Ce sont autant de références moqueuses aux *Méditations poétiques* dont la publication en 1820 avait valu un énorme succès à Lamartine (1790-1869).

Flaubert s'amuse en outre à reprendre tous les clichés et poncifs de la littérature amoureuse, que le « Moi » romantique avait contribué à répandre : « Ce n'étaient qu'amours, amants, amantes, dames persécutées... » (p. 87).

UN CHAPITRE IRONIQUE

L'ironie domine d'ailleurs tout ce chapitre. Celle-ci ne réside pas seulement dans la satire du romantisme. L'emploi du style indirect libre permet à Flaubert de maintenir en permanence une certaine distance vis-à-vis de son héroïne. C'est cette distance qui est en soi ironique. Flaubert narre les émois, les exaltations et les élans de son personnage tout en s'en moquant. Dans une lettre à Louise Colet il écrivait : « Ce sera, je crois, la première fois que l'on verra un livre qui se moque de sa jeune première et de son jeune premier. »

L'INTÉRÊT DE CE CHAPITRE
POUR LA SUITE DU ROMAN

Récit de l'éducation d'Emma, ce chapitre est le pendant de l'évocation de la jeunesse de Charles (chapitre I). Il en est le pendant et l'exact contraire. Emma s'est forgé un imaginaire amoureux qui n'a en soi aucune chance de se réaliser et encore moins aux côtés d'un homme tel que Charles, qui est le moins romantique et le moins romanesque des époux. L'« éducation sentimentale » d'Emma se résume à aimer l'idée qu'elle se fait de l'amour. Le « bovarysme » (→ PROBLÉMATIQUE 15, p. 99) en sera l'une des conséquences. S'il n'est guère possible de parler de « fatalité » dans la mesure où n'intervient aucune puissance supérieure, la logique des événements rend du moins inéluctable l'échec du couple.

18 | Une scène de séduction parodique

« Messieurs,… leurs doigts se confondirent. »

(2ᵉ PARTIE, chapitre VIII, p. 208-217)

Le départ de Léon avec lequel elle entretenait une liaison platonique laisse Emma désemparée. L'abbé Bournisien, incapable de comprendre sa détresse, ne lui apporte pas le réconfort spirituel espéré (2ᵉ PARTIE, VI). C'est dans ce contexte psychologiquement difficile qu'Emma fait par hasard la connaissance de Rodolphe Boulanger. Celui-ci la trouve jolie, perçoit immédiatement son mal-être et ses désillusions conjugales. Homme à femmes, il décide de la séduire (2ᵉ PARTIE, VII). Les Comices lui en fournissent bientôt l'occasion.

LES ENJEUX DU CHAPITRE

Cette scène des Comices, une des plus célèbres du roman, marque un tournant dans la vie d'Emma. Elle est à l'origine de son adultère et elle est déjà lourde de désillusions futures. Sa structure particulière dévalorise en effet le discours amoureux que tient Rodolphe. C'est un flot de lieux communs, source de grotesque et d'ironie.

UNE STRUCTURE SAVAMMENT ÉLABORÉE

Le chapitre reproduit deux discours officiels – ceux du Conseiller Lieuvain et du président du jury Derozerays – et une conversation privée : celle d'Emma et de Rodolphe. Flaubert les croise, en entrecoupant conversation et discours. C'est qu'en dépit des apparences, les uns et les autres poursuivent le même but : les deux orateurs veulent séduire leur auditoire, et Rodolphe veut séduire Emma. Cet entrecroisement des paroles confère à la scène son originalité et son ironie dévastatrice.

UN FLOT DE LIEUX COMMUNS ET DE CLICHÉS

À but identique, technique identique. Discours et conversation enchaînent les lieux communs, mieux à même d'être compris. L'emphase avec laquelle le Conseiller Lieuvain prononce des banalités, souvent proches de la stupidité, prête à sourire : « Vous avez compris, dis-je, que les orages politiques sont encore plus redoutables vraiment que les désordres de l'atmosphère... » (p. 210).

Rodolphe, de son côté, joue au soupirant romantique et désespéré. Perspicace et cynique, il prononce les mots qu'Emma souhaite entendre et dont elle se gargarise depuis ses années de couvent : « ne savez-vous pas qu'il y a des âmes sans cesse tourmentées ? » (p. 209) ; les passions « ne sont-elles pas la seule belle chose qu'il y ait sur la terre [...] ? » (p. 211) ; ou bien encore : « Ainsi, nous, disait-il, pourquoi nous sommes-nous connus ? quel hasard l'a voulu ? » (p. 216). Ces clichés de la littérature sentimentale sonnent naturellement faux dans la bouche d'un séducteur patenté, qui, s'il ne croit pas à ce qu'il dit, connaît du moins l'efficacité des mots qu'il prononce.

UNE SCÈNE GROTESQUE

Ce croisement des propos provoque des effets aussi inat-
tendus que calculés par Flaubert. Discours et conversation se
répondent en écho. Quand le Conseiller évoque avec grandiloquence le « respect des lois » et la « pratique des devoirs »,
Rodolphe s'indigne hypocritement : « Toujours les devoirs, je suis
assommé de ces mots-là » (p. 211). Un sommet est atteint avec le
discours de Derozerays. Le croisement se fait alors plus rapide et
plus serré, faisant alterner, en style direct, les propos de l'orateur
et ceux de Rodolphe. L'effet ainsi créé est des plus grotesques.
Voici Rodolphe qui jure de son irrésistible attachement : « – Cent
fois même j'ai voulu partir, et je vous ai suivie, je suis resté ».
« Fumiers. », clame au même moment l'orateur comme en
réponse au cynisme de Rodolphe. Ou encore :

> « – Aussi, moi, j'emporterai votre souvenir.
> "Pour un bélier mérinos…" » (p. 217).

On a l'impression que l'obtention du « bélier mérinos » devient la
condition du « souvenir » ! Plus Rodolphe avance dans son entreprise de séduction, plus le discours de Derozerays s'accélère :

> « "Engrais flamand, – culture de lin, – drainage, – baux à longs
> termes, – services de domestiques."
> Rodolphe ne parlait plus. Ils se regardaient. Un désir suprême
> faisait frissonner leurs lèvres sèches » (p. 217)

Un « coup de vent » fait opportunément soulever « les grands
bonnets des paysannes », comme pour saluer la victoire de
Rodolphe.

UNE IRONIQUE SATIRE ROMANTIQUE

Tout ce chapitre accentue la satire du romantisme déjà précé-
demment observée. Flaubert s'y révèle sans pitié. L'ironie est
omniprésente. Elle réside autant dans les mots proférés que dans

le locuteur qui les profère : c'est en effet le moins romantique des hommes qui tient cyniquement le discours le plus romantique qui soit. Elle réside aussi et surtout dans le montage qu'opère Flaubert. Se déroulant lors de Comices sur fond de distribution de prix aux meilleurs éleveurs et cultivateurs, le discours amoureux perd toute noblesse et toute force émotive.

Emma, quant à elle, n'en est pas moins chavirée. Elle s'enivre des paroles de Rodolphe, comme l'auditoire du discours de Lieuvain : « les bouches de la multitude se tenaient ouvertes, comme pour boire ses paroles » (p. 213). Victime de ses rêves, de son imagination, Emma l'est du contexte dans lequel Rodolphe lui déclare son amour. D'avance vouée à l'échec, sa liaison est d'emblée déconsidérée, dévalorisée. Railleuse, l'ironie sait aussi se faire grinçante.

UNE PROGRESSION DANS LA CHUTE

Emma court ainsi d'échec en échec, mais à chaque fois de plus en plus gravement. L'échec de son mariage explique sa liaison platonique avec Léon, qui elle-même tourne court puisque celui-ci part s'installer à Paris. Psychologiquement et physiquement insatisfaite, Emma, toujours en quête d'un grand amour, s'apprête à devenir une femme adultère. Séduite par un don Juan de campagne lors d'une foire agricole, elle ne peut aller qu'au-devant de nouvelles désillusions, plus douloureuses encore. Petit chef-d'œuvre anti-romantique, cet épisode des Comices est tragiquement comique.

19 | L'opération du pied bot : un pathétique contrôlé

« Il avait lu dernièrement… la chaleur de ce baiser. »

(2ᵉ PARTIE, chapitre XI, p. 245-260)

Maîtresse de Rodolphe, Emma s'interroge sur la poursuite de sa liaison, qu'elle finit par trouver aussi monotone que sa vie conjugale. Ne vaudrait-il pas mieux dans ces conditions revenir vers Charles ? Si seulement celui-ci se montrait digne d'estime, peut-être en viendrait-elle à vraiment l'aimer ? Homais va involontairement lui fournir l'occasion d'en vérifier la possibilité : il s'est mis en tête de faire procéder par Charles à l'opération d'Hippolyte, un valet d'écurie, atteint d'une malformation du pied.

LES ENJEUX DU CHAPITRE

Ils sont au nombre de deux :
– Le premier concerne naturellement le sort d'Hippolyte : marchera-t-il mieux ou moins bien après son opération ?
– Le second porte sur l'avenir du couple Bovary : la réussite de l'opération rapprochera Emma de Charles, son échec l'en détournera définitivement.

LA STRUCTURE DU CHAPITRE

Telle une tragédie, le chapitre s'organise en cinq actes :
– le projet de l'opération, conçu par Homais, soutenu par Emma puis par presque tout le village (p. 245-247) ;
– les préparatifs de l'opération (p. 247-248) ;
– l'opération, sa réussite apparente et sa célébration (p. 248-251) ;
– l'échec de l'opération et l'amputation d'Hippolyte (p. 251-257) ;
– ses conséquences : lâcheté d'Homais, incurable médiocrité de Charles, éloignement définitif d'Emma.

UNE SCÈNE PATHÉTIQUE

L'opération constitue l'un des moments les plus pathétiques du récit. Le malheureux se débat dans « des convulsions atroces ». Son pied se boursoufle, sa jambe tout entière se tuméfie, « un liquide noir » en suinte, la peau se détache par endroits : le « spectacle » est effectivement « affreux » (p. 251). Hébergé dans une arrière-salle du café, l'opéré reste longtemps couché : « la barbe longue, les yeux caves », il tourne de droite à gauche son visage en sueur sur un « sale oreiller où s'abattaient les mouches » (p. 252). La gangrène le gagne. L'amputation de sa jambe lui arrache enfin « un cri déchirant » entendu de tout le village (p. 258).

Le pathétique est d'autant plus fort que l'opération était doublement inutile. D'une part, même avec son pied bot, Hippolyte « galopait comme un cerf » (p. 248) ; d'autre part, l'erreur médicale est patente : on ne peut pas plus redresser un pied bot que le dos d'un bossu (p. 255) !

UN PATHÉTIQUE CONTRÔLÉ

Trop accentué, le pathétique court toutefois le risque de se muer en pathos (en pathétique trop facile). La situation est en effet proche de celles que le mélodrame exploite au xıxᵉ siècle : un pauvre, sans grands moyens intellectuels, est victime de gens plus puissants que lui. Hippolyte paie dans sa chair leur bêtise et leur incurie.

Ce pathos, Flaubert l'évite par le recours à l'ironie, qui réside dans la mise à distance des personnages et leur observation froide. Si elle est un échec médical, l'opération consacre le triomphe généralisé de la bêtise et de l'inhumanité. L'ironie permet d'éviter le pathos, tout en renforçant la force émotive du chapitre. Par ce biais, c'est tout l'épisode qui devient atroce.

UN ÉPISODE ATROCE

À l'origine du projet de l'opération, Homais étale sa fatuité, sa bêtise et sa lâcheté. « Partisan du progrès », il se prend pour un bienfaiteur sinon de l'humanité du moins d'Yonville (p. 245). Il se gargarise, comme Charles, de mots techniques empruntés au vocabulaire médical et par ailleurs incompréhensible au commun des mortels. Le compte rendu qu'il publie dans *Le Fanal de Rouen* est tout à la fois grotesque et grandiloquent. Incompétent, il n'établit aucun rapport entre la puanteur que dégagent la jambe d'Hippolyte et la gangrène, dont l'odeur est pourtant caractéristique. Lâche, il refuse d'assister à l'amputation et sous l'indignation du docteur Canivet, il esquisse « un sourire de courtisan » (p. 255).

L'abbé Bournisien, qui rend visite à l'opéré, se montre moins orgueilleux mais tout aussi stupide. Il voit dans les souffrances d'Hippolyte une occasion de « se réjouir, puisque c'était la volonté du Seigneur » et il arrache au malheureux la promesse de fréquenter davantage l'église (p. 253).

Quant à Charles, il atteint avec cet échec son plus haut degré d'incompétence. La manière dont Flaubert le présente en chirurgien est d'un burlesque achevé : « Ni Ambroise Paré [...] ni Dupuytren [...] ni Gensoul », tous étant des sommités en leur époque (p. 248). N'osant désormais « bouger de sa maison », il accuse la « fatalité » (p. 257). Il usera de ce même mot de « fatalité » à la fin du roman pour expliquer le naufrage de son couple et le suicide de sa femme (3ᵉ PARTIE, XI, p. 445). Charles ne se sent jamais responsable de quoi que ce soit.

À l'exception de la « mère Lefrançois », la patronne de l'auberge du *Lion d'or,* tout le monde est indifférent à la souffrance de ce pauvre valet d'écurie.

UN « MONTAGE » IRONIQUE DU RÉCIT

Flaubert agence les événements de telle façon qu'ils sont systématiquement démentis.

Après l'opération que chacun estime alors être un succès, « la soirée fut charmante, pleine de causeries » (p. 249). Homais lit l'article, élogieux, qu'il vient de rédiger. C'est pour tout de suite apprendre par une accélération du temps que le pauvre garçon se meurt (p. 251). Le progressisme affiché par Homais (p. 245-246) se trouve contesté par le docteur Canivet qui est une « célébrité » (p. 254-255). L'éphémère admiration d'Emma pour son mari (p. 249) se meut en quasi-haine (p. 258). Rodolphe un instant oublié (p. 249) redevient l'objet de toutes ses attentions (p. 260). C'est le principe, permanent, du retournement de situation.

Le chapitre joue ainsi un rôle clé dans l'évolution d'Emma, qui n'attend désormais plus rien de Charles. Le quitter, fuir va devenir son rêve et son obsession : fugue à Rouen avec Léon, Rodolphe s'étant dérobé, puis, Léon se dérobant à son tour, fuite dans la mort.

20 | Un épilogue étonnant et grinçant

« Charles, le lendemain,… la croix d'honneur. »
(3e PARTIE, chapitre XI, p. 436-446)

L'épilogue est le pendant du prologue : il désigne la page (et par extension le chapitre) qui clôt le roman.

UN ÉPILOGUE SURPRENANT

Comme son ouverture déconcertait, la fin du roman étonne. Compte tenu de son titre, celui-ci devrait se clore sur l'inhumation de « madame Bovary » (3e PARTIE, X). Tel n'est pas le cas. Un dernier chapitre le prolonge, comme s'il s'agissait de rejeter Emma dans un oubli encore plus définitif que la mort. Le traitement du temps accentue cette impression. Le chapitre débute « le lendemain » (p. 436) de l'enterrement d'Emma. Le récit en est au passé simple et à l'imparfait le plus souvent. Mais les deux dernières phrases tant du chapitre que du roman sont au présent de l'indicatif (p. 446). Tout se passe comme si le temps du récit rejoignait celui de l'écriture. Plusieurs années s'écoulent donc entre le début et la fin du chapitre. Le souvenir d'Emma s'ensevelit dans ce long intervalle.

LA DÉCHÉANCE DE LA FAMILLE BOVARY

Cette durée, chronologiquement floue, est nécessaire pour que l'anéantissement des Bovary soit complet.

La fin de Charles est pathétique et pitoyable. C'est une fin solitaire : sa servante, sa mère, ses voisins et amis, tous, progressivement, l'abandonnent. Tous aussi le ruinent, l'obligeant à vendre son argenterie puis ses meubles (p. 442-443). Physiquement, l'homme change, porte une « barbe longue », des « habits sordides » (p. 444). Psychologiquement, il ne surmonte pas son deuil. Prostré, il refuse de voir quiconque, même ses malades.

Charles est d'autant plus pathétique qu'il s'occupe, seul, de sa fille, s'inquiète de sa santé, se désespère de la laisser grandir dans la pauvreté (p. 443). Il l'est encore dans l'amour et même le culte qu'il continue de vouer à sa femme, dont il sait pourtant qu'elle l'a trompé. Charles meurt d'amour, tenant « dans ses mains une longue mèche de cheveux noirs » (p. 446).

Mais il est dans le même temps pitoyable. Félicitant Léon de son mariage, il lui écrit cette phrase ahurissante : « Comme ma pauvre femme aurait été heureuse ! » (p. 438). Inconscience ou complaisance ? Avouant à Rodolphe qu'il ne lui « en veut » pas, celui-ci le trouve « bien débonnaire pour un homme dans sa situation, comique même, et un peu vil » (p. 446). Charles reste fidèle à lui-même : terne, sans éclat.

L'ASCENSION DE LA FAMILLE HOMAIS

À la déchéance de Charles correspond symétriquement l'ascension d'Homais. Pharmacien prospère, journaliste prolixe, progressiste infatigable, titulaire de la « croix d'honneur » : sa réussite sociale et financière n'a d'égal que sa bêtise, son arrivisme et ses pouvoirs de nuisance.

Si elle n'est pas nouvelle, sa stupide fatuité atteint un sommet grotesque avec l'épitaphe latine qu'il conçoit pour la tombe d'Emma : « Arrête-toi, passant : tu foules aux pieds une épouse adorable » (traduction française, p. 442). Elle est grandiloquente, déplacée, ridicule. Ses prétentions scientifiques et humanitaires ne sont pas moins comiques : son livre sur le canton n'offre pas d'intérêt majeur et la liste de ses préoccupations est hétéroclite (p. 441). Sa posture de philosophe incompris, « méditant sur l'ineptie du gouvernement et l'ingratitude des hommes » et se promenant dans son jardin au « gazon figurant l'étoile de l'honneur » (p. 444), est du plus grand burlesque.

Son arrivisme lui permet pourtant de réussir. Son opposition au gouvernement se révélant infructueuse, il change d'attitude, renie ses convictions, « inclin[e] vers le Pouvoir ». D'opposant, il devient courtisan : « Il se vendit enfin, il se prostitua » (p. 443).

Comme rien ne doit entacher l'image qu'il se fait de lui-même, ses capacités de nuisance sont redoutables. Quiconque risquant de lui porter ombrage subit ses foudres. Contre le pauvre Aveugle qu'il n'a pas su soigner, il mène une véritable et obstinée campagne de presse qui aboutit à la « réclusion perpétuelle » du malheureux dans un hospice (p. 440). Lui qui naguère flattait Charles dans l'espoir de lui cacher ses petites malversations (2e PARTIE, III, p. 144-145), empêche par ses calomnies trois médecins de s'établir durablement à Yonville. Sa pratique illégale de la médecine lui permet ainsi de se faire « une clientèle d'enfer » (p. 446). En comparaison, Charles, sans grande qualité, apparaît plus respectable. Immorale et injustifiée, la réussite du pharmacien Homais constitue aussi une violente satire de la société qui permet de telles ascensions.

UN ÉPILOGUE S'OUVRANT SUR LE « RIEN »

Flaubert souhaitait faire un « livre sur rien », sans « matière » romanesque (→ PROBLÉMATIQUE 14, p. 93). Cet épilogue en est l'illustration. Tout y disparaît et s'y dissout. L'image d'Emma se désagrège progressivement dans le souvenir de Charles : « tout en pensant continuellement » à elle, il « l'oubliait ». Il a beau, chaque nuit, rêver d'elle : « il s'approchait d'elle ; mais, quand il venait à l'étreindre, elle tombait en pourriture dans ses bras » (p. 442). La mère de Charles meurt. Le père Rouault devient paralysé. Confiée à une tante sans ressources, Berthe disparaît d'Yonville, travaillant « pour gagner sa vie, dans une filature de coton » (p. 446).

L'autopsie à laquelle procède le docteur Canivet sur Charles est aussi ironique que symboliquement significative : « Il l'ouvrit et ne trouva rien » (p. 446). Son décès demeure sans cause. Mort, Charles reste ce « rien ».

Léon a quitté Yonville pour se marier et s'établir ailleurs. Rodolphe continue sans doute à multiplier des conquêtes insignifiantes. Binet fabriquera jusqu'à sa mort des ronds de serviette (p. 444-445).

Yonville ne peut se targuer que de deux réussites : celle d'Homais et celle de Lheureux qui vient d'ouvrir un magasin : *Les Favorites du commerce* (p. 445). Mais ces réussites sont pour Flaubert pires que « rien ». C'est à ses yeux le triomphe de la cupidité, de l'immoralisme, de ce qu'il appellera dans une lettre à Louise Colet la « canaillerie » (lettre du 16 décembre 1852).

Bibliographie, filmographie

SUR FLAUBERT, SA VIE, SON ŒUVRE

• De Biasi Pierre-Marc, *Flaubert, l'homme-plume*, Gallimard, « Découvertes », 2002.

• De Biasi Pierre-Marc, *Flaubert, une manière spéciale de vivre*, Grasset, 2010.

• Winock Michel, *Flaubert*, Gallimard, 2013.

SUR LA GENÈSE DE *MADAME BOVARY*

• Genette Gérard et Todorov Tzvetan (direction), *Travail de Flaubert*, Éditions du Seuil, « Points Essais », 1983.

• Winter Geneviève, *Gustave Flaubert. Écrire Madame Bovary*, Gallimard, « Folioplus classiques », 2009.

SUR L'ŒUVRE

• De Lattre Alain, *La Bêtise d'Emma Bovary*, Corti, 1980.

• Leclerc Yvan, *Crimes écrits. La littérature en procès au xixe siècle*, Plon, 1991.

• Magri-Mourgues Véronique, *Étude sur* Madame Bovary, Ellipses, 1999.

• Rey Pierre-Louis, *Madame Bovary*, Gallimard, « Foliothèque », 1996.

FILMOGRAPHIE (DISPONIBLE EN DVD)

• Renoir Jean (réalisateur), *Madame Bovary*, 1934, avec Valentine Tessier dans le rôle-titre.

• Chabrol Claude (réalisateur), *Madame Bovary*, 1991, avec Isabelle Huppert dans le rôle-titre.

Achevé d'imprimer sur les presses
de la Nouvelle Imprimerie Laballery – 58500 Clamecy
Dépôt légal : 96920-1/03 – février 2016
Numéro d'impression : 512094

Imprimé en France

La Nouvelle Imprimerie Laballery est titulaire de la marque Imprim'Vert®

Maquette : Tout pour plaire
Mise en page : Christelle Defretin
Suivi éditorial : Charlotte Monnier